# Erste Experimente für kleine Forscher

**ab 3 Jahren**

Mit Texten von Christoph Michel
und Illustrationen von Judith Arndt
und Stefanie Scharnberg

978-3-8094-3628-7

3. Auflage 2019
© 2016 by Bassermann Verlag, einem Unternehmen der Verlagsgruppe
Random House GmbH, Neumarkter Straße 28, 81673 München
© 2008 der Originalausgabe by inmediaONE] GmbH, Gütersloh
Alle Rechte vorbehalten. Vollständige oder auszugsweise Reproduktion,
gleich welcher Form (Fotokopie, Mikrofilm, elektronische Datenverarbeitung oder
durch andere Verfahren), Vervielfältigung, Weitergabe von Vervielfältigungen
nur mit schriftlicher Genehmigung des Verlags.

**Hinweise:**
Die in diesem Buch dargestellten Experimente wurden sorgfältig vom Autor
ausgesucht und geprüft. Autor und Verlag können jedoch nicht ausschließen,
dass einzelne Experimente nicht in der dargestellten Weise gelingen. Die Haftung für
das Gelingen der Experimente und mögliche Schäden bei ihrem Fehlschlagen wird,
soweit gesetzlich zulässig, ausgeschlossen.

Der Verlag weist ausdrücklich darauf hin, dass im Text enthaltene externe Links
vom Verlag nur bis zum Zeitpunkt der Buchveröffentlichung eingesehen werden konnten. Auf spätere Veränderungen hat der Verlag keinerlei Einfluss.
Eine Haftung des Verlags ist daher ausgeschlossen.

**Redaktionelle Leitung:** Nina Schiefelbein
**Redaktion:** Bärbel Oftring
**Bildredaktion:** Annette Mayer, Dietlinde Orendi, Lea Steinbeck
**Fachlektorat:** Dr. Wiebke Salzmann
**Text:** Dr. Christoph Michel, www.scienceforkids.de
**Herstellerische Leitung:** Tina Streitenberger
**Layout:** Horst Bachmann
**Illustration:** Judith Arndt, Stefanie Scharnberg
**Fotonachweis:** s. Seite 79
**Umschlaggestaltung dieser Ausgabe:** Atelier Versen, Bad Aibling
**Umschlagabbildungen:** Judith Arndt
**Satz:** Katrin Kleinschrot, Stuttgart
**Druck und Bindung:** Mohn Media Mohndruck GmbH, Gütersloh

Verlagsgruppe Random House FSC® N001967

Printed in Germany

# Vorwort

Liebe Eltern, liebe Erzieherinnen und Erzieher,

warum sind manche Töne laut und andere leise? Wo bleibt das Salz, wenn wir es ins Nudelwasser geben? Warum friert man mehr, wenn man nass ist? Um uns herum geschehen pausenlos Dinge, über die wir gar nicht weiter nachdenken, weil sie uns längst vertraut sind. Kinder sehen das anders. Für sie ist vieles ganz neu und sie wollen wissen: Warum ist das eigentlich so?

Gerade im Kindergarten- und Vorschulalter haben Kinder ein ausgeprägtes Interesse an Naturphänomenen und einen großen Forscherdrang. Sie fragen nicht nur ununterbrochen „Warum?" – sie möchten die Antwort auch am liebsten selbst herausfinden. Das macht nämlich besonders viel Spaß, man fühlt sich dabei richtig groß und ist stolz, wenn man der Lösung selber auf die Spur gekommen ist. Auch aus pädagogischer Sicht erweist sich das eigenständige Experimentieren schon für kleine Kinder als äußerst wirkungsvoll: Indem die Kinder mit allen Sinnen lernen, setzen sie sich mit einer Sache intensiv auseinander, sie beginnen Zusammenhänge zu verstehen und können sich das Gelernte wesentlich besser merken. Darüber hinaus werden ihre sprachlichen Fähigkeiten und ihre Selbstständigkeit gefördert.

Dieses Buch steckt voller Ideen, wie Sie ganz einfach mit den Kindern experimentieren können. Unser Autor Christoph Michel veranstaltet Experimentierkurse für Kinder und weiß genau, wie man schon die Kleinen für Naturwissenschaften begeistern kann:

„In meinen Experimentierstunden arbeite ich mit den Kindern genauso, wie richtige Forscher es tun. Am Anfang steht oft eine Frage: Wie entsteht eigentlich ein Schatten? Die wird aber nicht gleich beantwortet. Erst einmal sollen die Kinder eigene Vermutungen äußern. Dabei ist ganz wichtig, dass es keine falschen Antworten gibt, sondern nur gute Ideen. Ob eine Idee richtig oder falsch ist und unsere Frage beantwortet, überprüfen wir dann gemeinsam im Experiment. Beim Experimentieren kommt es darauf an, den Kindern genügend Zeit und Freiraum zum selbstständigen Entdecken zu lassen. Kinder im Vorschulalter sind schon von einfachen Phänomenen fasziniert. Sie beobachten genau und lieben es, die Experimente mehrfach zu wiederholen. Neugierig sein und staunen – das können wir Erwachsenen dabei von den Kindern lernen."

Lassen Sie die Kinder kleine Forscher sein, Sie werden ihnen damit große Freude bereiten. Und wir sind ziemlich sicher: Sie selbst werden auch Ihren Spaß daran haben!

Ihre Redaktion

# Inhaltsverzeichnis

So benutzt du dieses Buch  6

### leicht und schwer
Tauchversuche in der Badewanne  8
Eine Zitrone mit Schwimmweste  10
Über oder unter Wasser?  12
Die Waage mit dem Gummiband  14
Dein Arm als Kran  16
Ein Hebel hilft heben  18

### voll und leer
Luft ist nicht nichts  20
Entweder Luft oder Wasser  22
Die Wasserschaukel  24
Wasser besiegt Luftballon  26

### schnell und langsam
Wettrennen auf der Rutschbahn  28
Fallen oder schweben?  30
Wasser steht kopf  32
Wasser bewegt  34

### flüssig und fest
Wasser drückt  36
Wo bleibt das Salz im Wasser?  38
Eis hat Kraft  40

### kalt und warm
Weiß oder Schwarz: Was ist wärmer?  42
Frieren mit Wasser und Wind  44
Heiß gehts schneller  46
Der Luftballon in der Flasche  48

### hell und dunkel
Wo sind die Farben in der Nacht?  50
Eine Falle für das Licht  52
Lange und kurze Schatten  54
Schattenspiele  56

### laut und leise
Das tönende Lineal  58
Die Flaschenorgel  60
Kleiderbügel als Kirchenglocke  62
Laute Töne aus dem Karton  64

### stabil und wackelig
Balanceakt mit einem Korken  66
Stehen auf drei Beinen  68
Ein starkes Kissen aus Luft  70

### verblüffend
Windschutz – rund oder eckig?  72
Ein Regenbogen im Zimmer  74
Die silberne Luftblase  76

Register  78
Bildquellenverzeichnis  79

Viel Spaß beim Experimentieren!

# So benutzt du dieses Buch

Jedes Experiment in diesem Buch wird auf einer Doppelseite vorgestellt, mit Angaben zur Vorbereitung, genauer Versuchsanleitung, einer leicht verständlichen Erklärung und einem Beispiel aus deiner Umwelt. Was jeweils wo auf einer Seite steht, wird dir unten genau gezeigt.

Zur Sicherheit sollte beim Experimentieren immer ein Erwachsener dabei sein, aber durchführen kannst du die meisten Versuche allein. Manchmal brauchst du einen Freund oder eine Freundin als Helfer. Ab und zu muss auch ein Erwachsener mit anfassen, zum Beispiel, wenn eine Kerze angezündet oder etwas mit einem scharfen Messer durchgeschnitten werden muss.

Wenn du ein bestimmtes Experiment im Buch suchst, kannst du vorn im Inhaltsverzeichnis nachsehen, dort sind alle Versuche mit Seitenangabe aufgelistet. Einzelne Begriffe kannst du auch im Register ganz hinten im Buch nachschlagen.

### 1 Schwierigkeitsgrad
Hier erkennst du den Schwierigkeitsgrad eines Experiments: Ein Punkt bedeutet „leicht", zwei Punkte „mittel", drei Punkte „schwer".

### 2 Zeitangabe
Hier steht, wie lange das Experiment in etwa dauert.

### 3 Zutatenliste
Diese Liste gibt an, welche Dinge du zum Experimentieren benötigst. Du siehst auch, ob du Helfer beim Experimentieren brauchst.

### 4 Experiment
Schritt für Schritt wird hier gezeigt und erklärt, wie du bei dem Experiment vorgehen musst, damit alles gut klappt.

### 5 Zwischenfragen
Die blauen Fragen helfen dir, auf ganz bestimmte Dinge zu achten oder zu überlegen, was wohl gleich passieren wird.

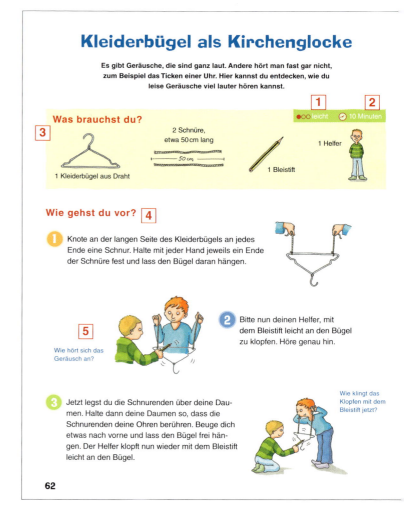

## So ein schönes Loch!

Liebe Erwachsene, für einige Experimente in diesem Buch ist es nötig, kleine Löcher in einen Plastikbecher oder eine Plastikflasche zu machen. Hierfür gibt es einen guten Trick:

Halten Sie einen Nagel mit einer Zange fest und erhitzen Sie ihn über einer Kerzenflamme. Wenn Sie den heißen Nagel dann in das Plastik stechen, schmilzt er ganz leicht ein perfektes Loch hinein. Alternativ können Sie das Loch auch mit einem Handbohrer oder einer spitzen Schere bohren. Seien Sie vorsichtig, das Plastik könnte dabei ein Stück aufplatzen.

---

**10 laut und leise**

**Was passiert?**  **6**

Der Kleiderbügel macht zunächst einen leisen metallischen Ton.

Wenn du die Schnüre direkt an deine Ohren hältst, hört sich der Ton viel lauter an. Der Kleiderbügel klingt fast wie eine Kirchenglocke.

**Warum ist das so?**  **7**

Die Töne und Geräusche, die du hörst, trägt die Luft zu deinen Ohren. Auf dem Weg durch die Luft wird der Ton aber viel leiser und je weiter du von dem Ort entfernt bist, also je weiter die Luft den Ton tragen muss, umso leiser wird der Ton. Die Schnüre leiten den Ton direkt an dein Ohr – ohne die Luft. Deshalb hörst du den Ton ganz laut.

**8 Wo kommt das noch vor?**

Sicher hat dich mal ein Kinderarzt abgehorcht. Er hört sich das Geräusch deiner Lungen oder deinen Herzschlag an und kann daran erkennen, ob du gesund oder krank bist. Damit er diese leisen Geräusche gut hören kann, benutzt er ein Stethoskop. Das ist eine Art Hörschlauch, mit dem er die Geräusche viel lauter hört, weil sie direkt an seine Ohren kommen.

Töne hörst du viel lauter, wenn sie direkt an dein Ohr kommen. **9**

---

**6 Ergebnis**
Hier wird gezeigt und beschrieben, was am Ende bei dem Experiment herauskommt.

**7 Erklärung**
Hier wird dir erklärt, warum bei dem Experiment die Dinge so geschehen, wie sie geschehen.

**8 Beispiel aus dem Alltag**
Das, was im Experiment geschieht, begegnet dir auch in deiner Umwelt. Hier erfährst du, wo es vorkommt und wie es funktioniert.

**9 Merksatz**
Kalle und Maja sagen dir noch mal ganz kurz, was du bei dem Experiment herausgefunden hast.

**10 Kapitel**
Der farbige Balken zeigt dir an, in welchem Kapitel du dich befindest.

# Tauchversuche in der Badewanne

Ein leerer Eimer Wasser und ein leerer Zahnputzbecher sind leicht.
Wenn du sie aber unter Wasser tauchen willst,
hast du mit beiden auf einmal ganz unterschiedlich viel Mühe.

## Was brauchst du?

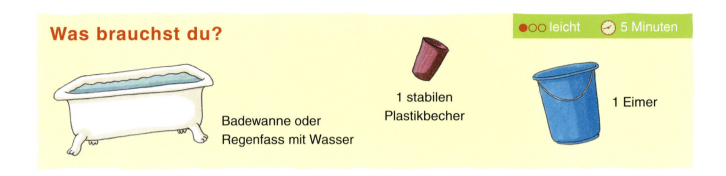

● ○ ○ leicht    5 Minuten

Badewanne oder Regenfass mit Wasser

1 stabilen Plastikbecher

1 Eimer

## Wie gehst du vor?

Mach diesen Versuch am besten, wenn du sowieso gerade in der Badewanne sitzt oder wenn nach starkem Regen die Regenwassertonne voll ist.

**1** Drücke den Becher mit der Öffnung nach oben ganz langsam ins Wasser. Das Wasser soll dabei nicht in den Becher hineinlaufen.

*Wie viel Kraft brauchst du dazu?*

**2** Nun nimm den Plastikeimer und versuche, ihn ins Wasser zu drücken. Gib acht, dass er nicht umkippt oder Wasser hineinläuft.

*Wie fühlt sich das jetzt an?*

## leicht und schwer

### Was passiert?

Den Trinkbecher kannst du leicht mit einer Hand unter Wasser drücken. Aber um den Eimer unterzutauchen, brauchst du beide Arme und viel mehr Kraft.

### Warum ist das so?

Wenn du den Becher ins Wasser drückst, braucht er im Wasser Platz. Um diesen Platz zu schaffen, musst du das Wasser zur Seite drängen. Der Eimer braucht deutlich mehr Platz als der Becher, weil er größer ist. Deshalb fällt es dir viel schwerer, den Eimer unter Wasser zu tauchen. Wasser hat nämlich eine Kraft, mit der es sich gegen das Wegdrängen wehrt und den Becher und den Eimer wieder aus dem Wasser drückt. Das ist die Auftriebskraft. Sie sorgt dafür, dass sich alle Sachen im Wasser leichter anfühlen und viele Dinge schwimmen, wenn sie wie der Eimer viel Luft enthalten.

### Wo kommt das noch vor?

Sicherlich hast du schon einmal ein Schiff gesehen und bist vielleicht sogar schon einmal auf einem über einen See oder das Meer gefahren. Große Schiffe bestehen aus schwerem Eisen und wiegen so viel wie ganze Häuser. Trotzdem schwimmen sie. Damit das funktioniert, haben Schiffe einen großen Schiffsbauch, der viel Wasser verdrängt. Wie bei dem Eimer ist dann die Auftriebskraft des Wassers auch bei dem Schiff sehr groß und es wird davon getragen.

*Die Auftriebskraft des Wassers sorgt dafür, dass sich die Dinge im Wasser leichter anfühlen und einige sogar schwimmen.*

# Eine Zitrone mit Schwimmweste

**Was glaubst du: Kann eine Zitrone auf dem Wasser schwimmen oder geht sie unter? Das kommt ganz darauf an, was sie „anhat".**

## Was brauchst du?

●●○ mittel  🕐 10 Minuten

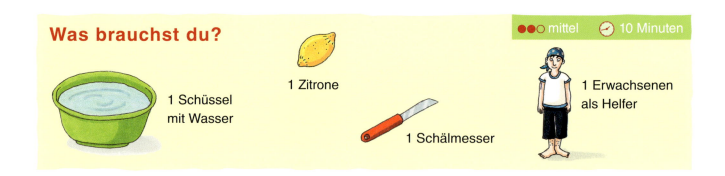

1 Schüssel mit Wasser

1 Zitrone

1 Schälmesser

1 Erwachsenen als Helfer

## Wie gehst du vor?

**1** Lege die Zitrone in eine Schüssel mit Wasser.

Wird die Zitrone schwimmen oder geht sie unter?

**2** Nimm die Zitrone wieder aus dem Wasser und bitte deinen Helfer, sie zu schälen.

**3** Lege nun die geschälte Zitrone und die Schalenstücke ins Wasser.

Was geschieht jetzt mit der Zitrone und was mit den Schalenstücken?

# leicht und schwer

## Was passiert?

Die ungeschälte Zitrone schwimmt im Wasser. Sie schwimmt allerdings nicht besonders gut, denn sie schaut nur wenig aus dem Wasser heraus.

Die geschälte Zitrone hingegen geht unter, während die Schalenstücke auf der Wasseroberfläche schwimmen.

## Warum ist das so?

Leichte Sachen schwimmen, schwere gehen unter. Das stimmt oft, aber nicht immer. Schau dir als Erstes die Zitronenschalen mit einer Lupe genau an. Das Weiße der Schale sieht aus wie ein Schwamm. Es enthält viel Luft. Deshalb ist die Schale ganz leicht und kann schwimmen. Das geschälte Innere der Zitrone ist zu schwer zum Schwimmen. Es geht unter. Wenn es aber von der leichten Schale mit der Luft darin umgeben ist, kann die Zitrone im Wasser oben bleiben.

*Sachen, die viel Luft enthalten, sind leicht und können schwimmen.*

## Wo kommt das noch vor?

Wenn du schwimmen lernst, gehst du am Anfang vielleicht mit Schwimmflügeln ins Wasser. Das sind Plastikschläuche, die du aufpusten kannst und dann an den Oberarmen trägst. Die Luft in Schwimmflügeln wirkt genauso wie die Luft in der Zitronenschale. Sie sorgt dafür, dass du im Wasser schwimmst, auch wenn du keine Schwimmbewegungen machst.

# Über oder unter Wasser?

Leichte Sachen schwimmen oben, schwere gehen unter? Es gibt noch was dazwischen: Manchmal können Dinge auch im Wasser schweben.

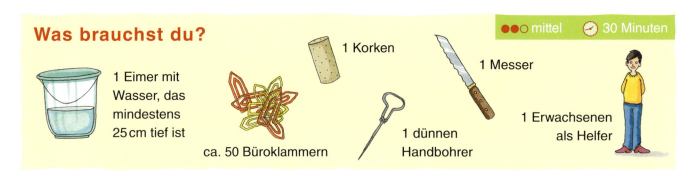

## Was brauchst du?

●●○ mittel    🕐 30 Minuten

- 1 Eimer mit Wasser, das mindestens 25 cm tief ist
- ca. 50 Büroklammern
- 1 Korken
- 1 dünnen Handbohrer
- 1 Messer
- 1 Erwachsenen als Helfer

## Wie gehst du vor?

**1** Bitte deinen Helfer, von einem Korken zwei Scheiben abzuschneiden. Eine Scheibe soll ca. 0,5 cm, die andere ca. 1,5 cm dick sein.

**2** Anschließend bohrt dein Helfer in die Mitte der Korkscheiben noch jeweils ein kleines Loch.

**3** Biege nun zwei Büroklammern auf und stecke je eine durch jedes Loch. Knicke sie oben so um, dass sie nach unten nicht herausrutschen können. Unten biegst du sie zu einem Haken.

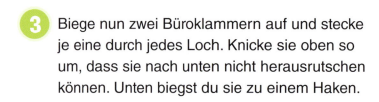 

**4** Bastle aus den Büroklammern zwei gleich lange Ketten. Sie müssen so lang sein, dass sie von der Wasseroberfläche bis zum Eimerboden reichen. An jeden Haken hängst du nun eine Büroklammerkette.

**5** Setze die Korken mit den Ketten auf die Wasseroberfläche im Eimer.

# leicht und schwer

## Was passiert?

Die dickere Korkscheibe schwimmt auf der Wasseroberfläche. Die dünne Scheibe wird von der Kette ein Stück unter Wasser gezogen.

## Warum ist das so?

Kork ist sehr leicht, weil er viel Luft enthält, und schwimmt deshalb auf dem Wasser. Büroklammern sind aus Metall und sinken im Wasser auf den Boden. Hängen Büroklammern an den Korkscheiben, bleibt die dickere auf der Wasseroberfläche und hält die Kette dabei mit oben. Die dünnere Korkscheibe enthält weniger Luft. Sie schafft es nicht, mit der Kette über Wasser zu bleiben, sinkt aber auch nicht ganz auf den Boden: Sie schwebt im Wasser. Je schwerer die Büroklammern, umso tiefer sinkt die Scheibe.

## Wo kommt das noch vor?

Hast du schon mal eine Boje auf dem Meer gesehen? Bojen sind Verkehrszeichen im Wasser, die den Schiffen zeigen, an welchen Stellen das Wasser tief genug ist, um dort zu fahren. So eine Boje darf nicht abtreiben. Deshalb ist sie mit einer Kette auf dem Meeresgrund verankert. Die Ankerkette darf die Boje aber auch nicht unter Wasser ziehen. Darum muss die Boje ausreichend Luft enthalten, damit sie auf dem Wasser schwimmt und der Kapitän sie gut sehen kann.

> Was nicht schwimmt und nicht sinkt, schwebt im Wasser.

# Die Waage mit dem Gummiband

Eine Balkenwaage, zum Beispiel im Kaufmannsladen, funktioniert wie eine Wippe, die du mit Gewichten ins Gleichgewicht bringst. In diesem Versuch baust du dir eine Waage aus einem Gummiband und einem Becher.

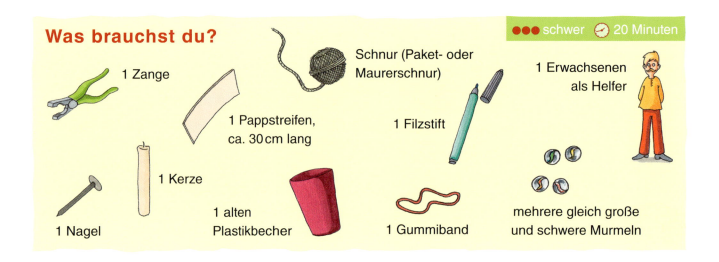

## Was brauchst du?

●●● schwer   🕐 20 Minuten

- 1 Zange
- 1 Nagel
- 1 Kerze
- 1 Pappstreifen, ca. 30 cm lang
- 1 alten Plastikbecher
- Schnur (Paket- oder Maurerschnur)
- 1 Filzstift
- 1 Gummiband
- 1 Erwachsenen als Helfer
- mehrere gleich große und schwere Murmeln

## Wie gehst du vor?

**1** Bitte den Erwachsenen, dir zwei gegenüberliegende Löcher oben in den Trinkbecher zu schmelzen (Erklärung siehe Seite 7). Knote die Schnur in das erste Loch. Dann fädelst du die Schnur durch das Gummiband und knotest das freie Schnurende in das zweite Loch. Den Becher hängst du deinem Helfer mit dem Gummiband über den Zeigefinger.

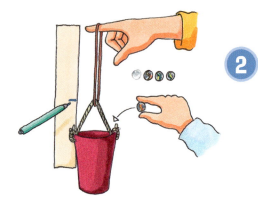

**2** Halte den Pappstreifen neben das Gummiband und markiere mit dem Filzstift, wie lang es ist. Nun legst du vorsichtig eine Murmel in den Becher und zeichnest auf dem Pappstreifen an, wie lang das Gummiband jetzt ist. Lege dann nacheinander weitere Murmeln hinzu und markiere jedes Mal mit dem Filzstift die Länge des Gummibands auf dem Pappstreifen. Achte darauf, dass das obere Ende des Pappstreifens immer auf der Höhe des Zeigefingers ist.

# leicht und schwer

## Was passiert?

Je mehr Murmeln im Becher sind, desto länger wird das Gummiband. Für jede Murmel hast du einen Strich auf dem Pappstreifen.

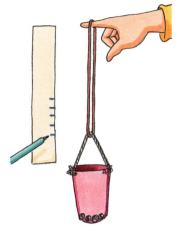

## Warum ist das so?

Die Erde zieht alle Dinge an, die es auf ihr gibt. Deshalb fallen alle Dinge herunter. Wenn du eine Murmel in den Becher legst, werden beide zusammen von der Erde nach unten gezogen. Weil das Gummiband dehnbar ist, wird es dabei auseinandergezogen. Je mehr Murmeln im Becher sind, desto stärker wird auch an dem Gummiband gezogen und desto länger wird es. Das liegt daran, dass die Erde umso stärker an einem Gegenstand zieht, je schwerer er ist.

*Je schwerer das daran hängende Gewicht, desto stärker wird das Gummiband gedehnt.*

## Wo kommt das noch vor?

Dein Becher mit dem Gummiband funktioniert wie eine Waage. Bei den meisten Waagen dieser Art verwendet man allerdings kein Gummiband, sondern eine Spirale aus Stahl, die man auch Stahlfeder nennt. Deshalb heißen diese Waagen Federwaagen. Fischwaagen auf dem Markt funktionieren so: Der Fischverkäufer legt den Fisch in die Waagschale. Dessen Gewicht zieht die Feder nach unten. Je nachdem, wie stark diese gedehnt wird, bewegt sich der Zeiger auf der Anzeige und gibt an, wie viel der Fisch wiegt.

# Dein Arm als Kran

Bestimmt hast du schon mal schwere Sachen getragen. Dabei kannst du dir die Arbeit leichter oder schwerer machen. Wie es am besten geht, das zeigt dir dieser Versuch.

## Was brauchst du?

●○○ leicht    🕐 10 Minuten

1 Besenstiel
(mit oder ohne Besen)

1 Eimer mit Wasser
(etwa 1 Liter)

1 Helfer

## Wie gehst du vor?

**1** Halte den Besenstiel mit beiden Händen an einem Ende fest. Halte ihn dabei direkt vor deinem Körper, sodass der Stiel von dir wegzeigt.

*Ist es schwer, den Besenstiel mit dem Eimer daran festzuhalten?*

**2** Bitte deinen Helfer, den Eimerhenkel über den Besenstiel zu schieben. Der Eimer soll jetzt ganz nah bei deinen Händen am Besenstiel hängen.

**3** Der Helfer zieht den Eimer jetzt auf dem Besenstiel ein Stück weiter von dir weg. Probiert das solange, bis du den Besenstiel nicht mehr gerade halten kannst.

*Wo ist der Eimer am leichtesten zu halten?*

# leicht und schwer

## Was passiert?

Je weiter der Eimer von dir weghängt, umso schwerer ist es, den Besenstiel eine Weile gerade festzuhalten. Ganz nah am Körper lässt sich der Eimer am leichtesten tragen.

## Warum ist das so?

Egal wie weit du den Eimer vom Körper weg trägst, er wiegt immer dasselbe. Aber die Kraft, die du brauchst, um den Besenstiel mit dem Eimer festzuhalten, wird größer, je weiter der Eimer von dir weg ist.

## Wo kommt das noch vor?

Hast du schon mal einem Baukran bei der Arbeit zugesehen? Er kann schwere Sachen hochheben und woanders wieder absetzen. Dabei bewegt er sich nicht von der Stelle. Er macht das so ähnlich wie ihr in diesem Experiment. Die Last bewegt sich am Kranausleger immer weiter nach außen. Je weiter die Last nach außen kommt, desto schwerer wird es für den Kran, sie zu halten. Damit er dabei nicht das Gleichgewicht verliert und umfällt, braucht er ein schweres Gegengewicht. Das kannst du am anderen Ende des Kranauslegers sehen.

> Schwere Sachen sind am leichtesten zu tragen, wenn du sie ganz nah an deinem Körper festhältst.

# Ein Hebel hilft heben

Ein Kind kann einen Erwachsenen nicht hochheben, der ist viel zu schwer, oder? Dazu bräuchte man doch Muskeln wie ein Gewichtheber. Mit einem Trick und einem Besenstiel schaffst du es auch so.

## Was brauchst du?

●●○ mittel    🕐 10 Minuten

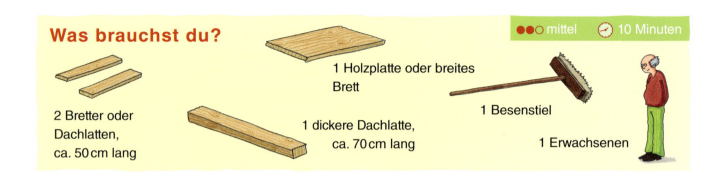

2 Bretter oder Dachlatten, ca. 50 cm lang

1 Holzplatte oder breites Brett

1 dickere Dachlatte, ca. 70 cm lang

1 Besenstiel

1 Erwachsenen

## Wie gehst du vor?

**1** Lege die zwei kurzen Bretter mit etwa 30 cm Abstand auf den Boden und die Holzplatte darüber. Die Bretter sollen dabei an einer Seite überstehen.

**2** Bitte deinen Helfer, sich auf die Holzplatte zu stellen. Jetzt versuch mal, die Platte an einer Seite hochzuheben.

**3** Nun lege die dritte, dickere Latte quer über die anderen beiden, nah neben die Holzplatte. Schiebe den Besenstiel durch die Lücke zwischen Latte und Holzplatte, sodass er über der Latte und unter der Holzplatte ist. Versuche nun, die Platte mithilfe des Besenstiels anzuheben.

*Wo musst du den Besenstiel anfassen, damit es möglichst leicht geht?*

# leicht und schwer

## Was passiert?

Einfach so schaffst du es nicht, das Brett mit dem Erwachsenen anzuheben. Es ist viel zu schwer. Mit dem Besenstiel aber geht es plötzlich ganz leicht. Am besten fasst du den Besenstiel dabei möglichst weit von der Platte entfernt an.

## Warum ist das so?

Je schwerer etwas ist, desto mehr Kraft brauchst du, um es hochzuheben. Der Besenstiel im Experiment macht dich nicht stärker, als du bist. Aber die Kraft, die du brauchst, ist mit dem langen Stiel nicht mehr so groß. Stattdessen musst du ihn an deinem Ende aber viel tiefer runterdrücken, als das Brett am anderen Stielende hochgehoben wird. Du musst also eine größere Bewegung machen, die geht dafür aber leichter. So ein Hilfsmittel wie den Besenstiel nennt man „Hebel".

*Mit einem langen Hebel brauchst du viel weniger Kraft.*

## Wo kommt das noch vor?

Hebel findest du ganz oft dort, wo viel Kraft benötigt wird. Je länger der Hebel ist, desto mehr Kraft kannst du mit ihm ausüben. Einen Drahtzaun kann man mit einer großen Zange zum Beispiel viel besser durchtrennen als mit einer kleinen Nagelschere. Je länger die beiden Arme der Zange sind, desto weiter stehen sie aber auch auseinander und desto weiter ist der Weg, den man sie zusammendrücken muss.

# Luft ist nicht nichts

Luft kann man nicht sehen, aber sie ist trotzdem überall um uns herum. Sie lässt sich auch von Wasser nicht einfach verdrängen. Nimmst du Wasser zur Hilfe, kannst du die Luft sogar sichtbar machen.

## Was brauchst du?

●○○ leicht    ⏱ 5 Minuten

1 Trinkglas

1 durchsichtige Schüssel (Plastik oder Glas) mit Wasser

## Wie gehst du vor?

**1** Tauche das Glas mit der Öffnung nach unten ganz gerade vorsichtig ins Wasser, bis es auf dem Boden steht. Achtung, nicht wackeln!

Was ist im Glas?

**2** Jetzt kippe das Glas langsam etwas zur Seite.

Was wird wohl geschehen, wenn du das Glas kippst?

## voll und leer

## Was passiert?

Wenn du das Glas ganz gerade unter Wasser tauchst, läuft kein Wasser hinein. Das Wasser wird unter dem Glas nach unten gedrückt. Kippst du das Glas, steigen Blasen nach oben. Gleichzeitig füllt es sich mit Wasser.

## Warum ist das so?

Obwohl das Glas leer aussieht, ist es mit unsichtbarer Luft gefüllt. Wenn du das Glas mit der Öffnung nach unten unter Wasser drückst, kann deshalb kein Wasser hineinfließen. Weil das Glas mit Luft gefüllt ist, passt kein Wasser hinein. Wenn du das Glas unter Wasser kippst, steigt die Luft in Blasen aus dem Glas an die Wasseroberfläche. Daran kannst du erkennen, dass Luft in dem Glas ist. So wird im Glas Platz frei und das Wasser fließt hinein.

## Wo kommt das noch vor?

Schon vor über 500 Jahren benutzten die Menschen schwere Taucherglocken aus Eisen. Sie ließen die Glocke an einer Kette ins Wasser. In der Glocke blieb die Luft erhalten. Taucher stiegen unter Wasser in die Glocke. Sie konnten die Luft atmen und so viel länger unter Wasser bleiben und dort zum Beispiel Perlen sammeln.

Luft braucht Platz. Wo Luft ist, kann nichts anderes sein.

# Entweder Luft oder Wasser

**Wenn du eine volle Wasserflasche ausleeren willst, drehst du sie einfach um und das Wasser läuft heraus? So einfach ist es nicht immer.**

## Was brauchst du?

●●○ mittel   ⏱ 15 Minuten

- 1 leere Plastik-Getränkeflasche mit Deckel (0,5 Liter)
- 1 Brotmesser
- 1 durchsichtige Schüssel (Plastik oder Glas) mit Wasser
- 1 Erwachsenen als Helfer

## Wie gehst du vor?

**1** Bitte einen Erwachsenen, mit dem Brotmesser den Boden von der Plastikflasche abzuschneiden. Drehe dann den Flaschendeckel fest zu.

**2** Tauche die Flasche nun ganz gerade mit der Öffnung nach unten möglichst tief in die volle Wasserschüssel und öffne dann den Schraubdeckel ein wenig.

*Was siehst du und was hörst du?*

**3** Wenn die Flasche vollgelaufen ist, drehe den Deckel wieder zu.

**4** Ziehe nun die Flasche nach oben, sodass sie unten gerade noch im Wasser ist. Öffne jetzt den Schraubdeckel wieder vorsichtig ein wenig.

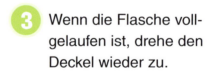

*Was siehst und hörst du jetzt?*

## voll und leer

### Was passiert?

Wenn du die Flasche unter Wasser drückst, fließt das Wasser nicht in die Flasche hinein. Öffnest du nun den Deckel, zischt es leise und die Flasche füllt sich langsam von unten mit Wasser. Drehst du den Deckel wieder zu und ziehst dann die Flasche nach oben, bleibt das Wasser in der Flasche, statt unten rauszufließen. Öffnest du jetzt den Deckel, hörst du wieder ein leises Zischen und das Wasser läuft unten aus der Flasche hinaus.

### Warum ist das so?

Tauchst du die Flasche unter Wasser, kann kein Wasser hineinfließen, weil sie schon mit Luft gefüllt ist (siehe auch Experiment Seite 20). Öffnest du den Deckel, strömt die Luft dort oben hinaus – deshalb hörst du das Zischen – und das Wasser kann von unten in die Flasche nachfließen. Ist der Deckel wieder zu und du ziehst die Flasche nach oben, fließt das Wasser unten nicht hinaus, weil weder von oben noch von unten Luft in die Flasche gelangen kann, um stattdessen den leeren Platz zu füllen. Öffnest du nun den Deckel, strömt Luft von oben in die Flasche und das Wasser fließt aus der unteren Öffnung hinaus in die Schüssel.

> Wenn wir sagen, etwas ist leer, ist doch noch Luft drin.

### Wo kommt das noch vor?

Bestimmt hast du schon einmal Limonade mit einem Trinkhalm getrunken. Du saugst daran, es dauert einen Moment und schon fließt die Limonade in deinen Mund. Du musstest erst die Luft aus dem Halm saugen, dann war Platz für die Limonade. Vielleicht hast du auch schon mal Limonade mit dem Trinkhalm umgefüllt? Steckt der Trinkhalm im Getränk und du hältst ihn oben mit dem Finger zu, kannst du ihn mitsamt Flüssigkeit aus dem Glas nehmen. Sie läuft nicht hinaus. Erst wenn du den Trinkhalm über ein anderes Glas hältst und deinen Finger oben wegnimmst, fließt die Limo ins andere Glas.

# Die Wasserschaukel

Wasser ist flüssig. Es schwappt hin und her, wenn du es bewegst. Wenn es zur Ruhe kommt, wird die Wasseroberfläche glatt wie ein Spiegel. Was passiert, wenn du das Wasser in einen Schlauch einsperrst und ihn dann bewegst?

**Was brauchst du?**

1 durchsichtigen Schlauch, ca. 150 cm lang, Durchmesser ca. 12–15 mm

1 Glas Wasser

1 Trichter, passend zum Schlauch

1 Helfer

●○○ leicht    🕐 10 Minuten

## Wie gehst du vor?

**1** Halte den Schlauch wie ein U, sodass die beiden Schlauchenden genau gleich hoch sind. Fülle nun das Wasser mit dem Trichter in den Schlauch. Lass dir dabei von einem Freund helfen. Fülle nur so viel Wasser ein, dass an jedem Schlauchende noch etwa drei Handbreit hoch Platz ist.

**2** Halte die beiden Schlauchenden nebeneinander und beobachte den Stand des Wassers. Hebe nun eines der beiden Schlauchenden langsam um ein bis zwei Handbreit hoch. Senke es dann langsam so weit ab, bis beide Schlauchenden wieder auf derselben Höhe sind.

**3** Jetzt verschließt du ein Schlauchende mit dem Daumen. Halte wieder die beiden Schlauchenden nebeneinander. Hebe nun das verschlossene Schlauchende langsam um ein bis zwei Handbreit an. Wenn es oben ist, schau auf das Wasser und nimm dann den Daumen vom Schlauchende weg.

## voll und leer

## Was passiert?

Im u-förmig gebogenen Schlauch steht das Wasser auf beiden Seiten gleich hoch. Der Wasserstand bleibt auch dann gleich hoch, wenn du ein Schlauchende nach oben bewegst.

Hältst du aber ein Schlauchende mit dem Daumen zu und bewegst es dann nach oben, so ändert sich der Wasserstand: Er steigt auf dieser Seite mit nach oben. Wenn du nun das verschlossene Schlauchende wieder öffnest, fließt das Wasser auf dieser Seite hinunter und schaukelt dann eine Weile hin und her, bis es auf beiden Seiten des Schlauches wieder auf der gleichen Höhe steht.

## Warum ist das so?

Wenn du Wasser in eine Schüssel füllst, schaukelt es eine Weile hin und her, bildet dann aber eine waagerechte Oberfläche. Im Schlauch ist das genauso. Das Wasser steht immer überall gleich hoch. Auch wenn du den Schlauch hoch und runter bewegst, gleicht sich der Wasserstand immer wieder aus. Wenn du ein Schlauchende zuhältst, funktioniert das nicht mehr. Du ziehst das Wasser mit dem Schlauch nach oben, weil keine Luft durch die Öffnung einströmen kann, um den Platz, der durch das Sinken des Wasserstandes im Schlauch frei werden würde, zu füllen.

## Wo kommt das noch vor?

Ein Haus muss einen ebenen Boden haben, sonst stehen die Möbel schief. Wenn ein Haus gebaut wird, verlegen die Bauarbeiter einen durchsichtigen, wassergefüllten Schlauch auf dem Boden. Das ist eine Schlauchwaage. Mit ihr prüfen die Bauarbeiter an allen vier Ecken, ob das Wasser auf derselben Höhe steht. So sorgen sie dafür, dass das Haus auf geradem Grund gebaut wird.

*Wasser bildet eine waagerechte Oberfläche, wenn es nicht bewegt wird.*

# Wasser besiegt Luftballon

Manchmal gelingt es dir kaum, einen Luftballon aufzupusten. Die Gummihaut ist dann einfach zu stramm. Mit Wasser geht es viel leichter, wenn du es so machst wie in diesem Experiment.

### Was brauchst du?

- 1 durchsichtigen Schlauch, ca. 2 m lang
- 1 Trichter, passend zum Schlauch
- 2 Luftballons
- 1 Becher
- Klebefilm
- 1 Eimer Wasser
- 1 Stuhl
- 1 Erwachsenen als Helfer

●●● schwer  ⏱ 20 Minuten

## Wie gehst du vor?

**1** Stecke den Luftballon über die schmale Trichteröffnung. Fülle den Becher mit Wasser aus dem Eimer und gieße das Wasser vorsichtig in den Trichter.

Wie viel Wasser kannst du so in den Luftballon füllen?

**2** Nun ziehst du den anderen Luftballon über ein Ende des Schlauches. Bitte einen Erwachsenen, einen Streifen Klebefilm ganz fest um die Öffnung des Luftballons zu wickeln.

**3** Jetzt steckst du den Trichter in das andere Ende des Schlauches. Lege den Luftballon auf den Boden und steige auf den Stuhl. Gieße so viel Wasser wie möglich mit dem Becher über den Trichter in den Schlauch hinein.

**4** Nun hältst du den Trichter mit dem Schlauch daran so hoch wie möglich über deinen Kopf.

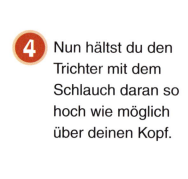

**voll und leer**

## Was passiert?

Füllst du das Wasser mit dem Trichter direkt in den Luftballon, füllt er sich nur ganz wenig.

Befestigst du aber zwischen Trichter und Luftballon einen langen Schlauch, den du ganz hoch hältst, kannst du leicht viel Wasser in den Ballon einfüllen und ihn sogar platzen lassen.

## Warum ist das so?

Damit du Wasser in den Luftballon füllen kannst, muss sich die Gummihaut dehnen. Das geht sehr schwer – wie schwer, das merkst du, wenn du einen Luftballon aufbläst. Füllst du das Wasser mit dem Trichter direkt in den Luftballon, hat es nicht genug Kraft, um die Gummihaut zu dehnen.
Befestigst du aber einen Schlauch zwischen Trichter und Ballon und hältst diesen ganz hoch, schafft es das Wasser, die Gummihaut zu dehnen. Im Schlauch türmt sich das Wasser übereinander und drückt mit seinem Gewicht nach unten. Je höher das Wasser dabei steht, desto mehr Druck übt es auf die Ballonwand aus und kann sie schließlich dehnen. Dann fließt Wasser in den Ballon, der immer dicker wird.

*Je höher das Wasser im Schlauch steht, desto stärker drückt sein Gewicht nach unten.*

## Wo kommt das noch vor?

In vielen Städten gibt es einen Wasserturm. Er steht oft auf einem Hügel oder einer Anhöhe. Das Wasser im Turm gehört zum Wasserleitungssystem der Stadt. Das Wasser aus dem hohen Turm sorgt für den Druck in den Wasserleitungen. Da das Wasser die Leitungen nicht dehnen kann wie den Ballon, muss es dem Druck ausweichen und wird in den Wasserleitungen hochgedrückt. So kannst du auch im vierten Stock noch duschen. Viele Wassertürme sind bei uns heute stillgelegt und ihre Arbeit wird von Pumpen übernommen. In anderen Ländern, wie etwa in den USA, sind Wassertürme aber noch üblich.

# Wettrennen auf der Rutschbahn

Hast du auf dem Spielplatz schon einmal mit einer Murmel ein Wettrutschen veranstaltet? Was, glaubst du, geht schneller – rutschen oder rollen?

## Was brauchst du?

●○○ leicht   🕐 15 Minuten

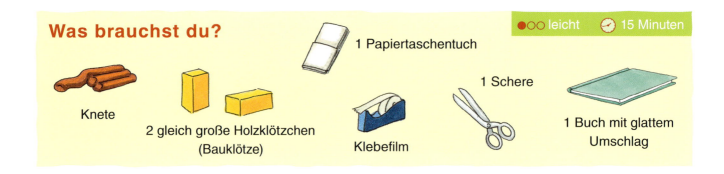

- Knete
- 2 gleich große Holzklötzchen (Bauklötze)
- 1 Papiertaschentuch
- Klebefilm
- 1 Schere
- 1 Buch mit glattem Umschlag

## Wie gehst du vor?

**1** Forme aus dem einen Stück Knete eine Kugel und aus dem anderen eine flache Scheibe.

**2** Schneide aus dem Papiertaschentuch ein Stück aus, das so groß ist wie ein Holzklötzchen, und klebe es um eines herum.

**3** Setze die Knetkugel, die Knetscheibe und die Holzklötzchen nebeneinander an ein Ende des Buches.

**4** Nun hebst du das Buch an dem Ende, an dem die Gegenstände liegen, ganz langsam an, sodass es zu einer schrägen Rutsche wird. Dabei berührt das untere Ende stets den Tisch.

*Welcher Gegenstand bewegt sich wohl als Erster?*

## schnell und langsam

## Was passiert?

Zuerst bewegt sich die Knetkugel und rollt das Brett hinunter. Als nächstes beginnen das Holzklötzchen und danach das Holzklötzchen auf dem Papiertaschentuch zu rutschen. Die Knetscheibe bewegt sich zuletzt.

## Warum ist das so?

Die Knetkugel kann rollen. Dabei berührt immer nur ein sehr kleiner Teil von ihr das Buch und sie wird nur ganz wenig gebremst. Sie bewegt sich als Erste. Das Holzklötzchen kann zwar nicht rollen, dafür ist es aber ganz glatt und rutscht deshalb sehr leicht über das Buch. Das Papiertaschentuch ist rauer und hält das zweite Holzklötzchen etwas zurück. Die Scheibe aus Knete hingegen ist richtig klebrig. Sie haftet am besten auf dem Buch und rutscht daher als Letztes.

## Wo kommt das noch vor?

Auf einer Rutschbahn möchtest du möglichst schnell hinunterrutschen. Das geht am besten, wenn du eine lange Hose und Socken trägst. Sitzt du auf dem blanken Po, rutschst du nicht so schnell die Rutsche herunter. Die Haut bremst dich nämlich, weil sie ähnlich wie Knete an der Rutsche haftet. Trägst du eine kurze Hose oder einen kurzen Rock, musst du die Beine anheben, um ganz schnell herunterzurutschen.

Rollen geht leichter als rutschen. Glatte Gegenstände rutschen besser als raue oder klebrige.

# Fallen oder schweben?

Kennst du den Unterschied zwischen Fallen und Schweben? Bestimmt bist du schon mal hingefallen. Und das ging leider ziemlich schnell. Manche Dinge schweben dagegen langsam zu Boden. Warum? Mit zwei Blättern Papier kannst du die Sache genauer erforschen.

## Was brauchst du?

●○○ leicht    🕐 5 Minuten

2 gleich große Blätter Papier

1 Stuhl

## Wie gehst du vor?

**1** Zerknülle ein Blatt Papier zu einer möglichst kleinen Kugel. Das andere Blatt lässt du so, wie es ist.

**2** Mit der Papierkugel in der einen Hand und dem Blatt Papier in der anderen stellst du dich auf einen Stuhl.

**3** Jetzt hältst du die Papierkugel und das Blatt Papier mit ausgestreckten Armen möglichst gleich hoch und so hoch wie möglich vor dich. Dann lässt du beides gleichzeitig auf den Boden fallen.

Was kommt schneller auf dem Boden an, die Papierkugel oder das Blatt?

## schnell und langsam

## Was passiert?

Die Papierkugel fällt schnell zu Boden. Das Blatt Papier braucht deutlich länger, bis es unten angekommen ist. Die Papierkugel landet immer direkt vor deinen Füßen, das Blatt Papier landet häufig auch weiter weg.

## Warum ist das so?

Die Papierkugel und das Blatt sind gleich schwer. Am Gewicht liegt es also nicht, dass das Blatt länger bis zum Boden braucht. Es liegt an der Form. Zwischen deinen Händen und dem Boden ist Luft. Durch sie müssen Papierkugel und Blatt beim Fallen hindurch. Dabei werden sie von der Luft abgebremst. Das Blatt Papier ist viel größer als die Kugel. Deshalb wird es von der Luft viel stärker gebremst. Und daher macht es auch so seltsame Bewegungen und landet meistens nicht direkt am Stuhl. Das Blatt gleitet auf der Luft. Die Kugel hingegen fällt direkt zu Boden.

## Wo kommt das noch vor?

Vielleicht hast du schon mal einen Fallschirmspringer beobachtet. Wenn er aus dem Flugzeug springt, fällt er zunächst direkt nach unten. Dann öffnet er den Fallschirm und sein Fall wird abgebremst. Der große Schirm gleitet auf der Luft langsam nach unten und mit ihm der Fallschirmspringer. Mit einem Fallschirm kann man sogar ganz schwere Sachen aus einem Flugzeug abwerfen und sicher auf dem Boden landen lassen, sogar Autos.

*Größere Dinge werden in der Luft stärker abgebremst als kleine, wenn sie gleich schwer sind.*

# Wasser steht kopf

**Was passiert, wenn du einen Becher mit Wasser umdrehst?
Na klar, das Wasser läuft heraus. Aber mit einem kleinen Trick
und etwas Übung bleibt das Wasser drin.**

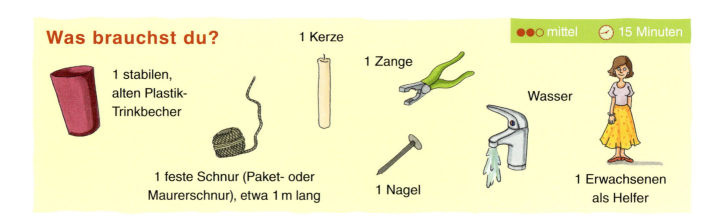

## Wie gehst du vor?

**1** Bitte einen Erwachsenen, zwei gegenüberliegende Löcher oben in den Plastikbecher zu schmelzen (Erklärung siehe Seite 7). Dann knote die Schnur als Haltegriff für den Becher in die Löcher.

**2** Fülle den Becher halb voll mit Wasser.

**3** Schwinge den Becher an der Schnur langsam hin und her und schaukle ihn immer höher. Versuche, den Becher dann mit viel Schwung im Kreis zu schleudern. Halte die Schnur dabei gut fest.

## schnell und langsam

### Was passiert?

Obwohl der Becher beim Schleudern sogar für kurze Zeit auf dem Kopf steht, fließt das Wasser nicht heraus. Es bleibt die ganze Zeit im Becher.

### Warum ist das so?

Wenn du den Becher schnell im Kreis bewegst, fliegen Wasser und Becher nach außen. Dabei wird das Wasser an den Boden des Bechers gedrückt. Die Kraft, die da drückt, kannst du sogar spüren. Sie zieht an deiner Hand und sorgt dafür, dass die Schnur immer gespannt bleibt. Wenn du zu langsam drehst, wird die Kraft schwächer und der Becher stürzt ab. Drehst du schneller, wird die Kraft immer größer, bis du den Becher kaum noch festhalten kannst.

*Alles, was sich schnell im Kreis bewegt, wird nach außen gedrängt.*

### Wo kommt das noch vor?

Bist du auf dem Jahrmarkt schon einmal mit einem Kettenkarussell gefahren? Dort hängen die Sitze an langen Ketten. Wenn das Karussell sich dreht, bewegst du dich erst langsam, dann immer schneller im Kreis. Dabei wirst du nach außen gedrückt und hängst ganz schräg in deinem Sitz. Die Kraft, die dich nach außen schiebt, ist dieselbe, die in diesem Experiment das Wasser in den Becher drückt.

# Wasser bewegt

**Hast du schon einmal ein Wasserrad an einem Bach gesehen, das von der Kraft des Wassers angetrieben wird? In diesem Versuch baust du dir ein eigenes kleines Wasserkarussell.**

## Wie gehst du vor?

**1** Binde eine Schnur fest um den Hals der Flasche. Bitte deinen Helfer, zwei gegenüberliegende Löcher unten in die Flasche zu schmelzen (Erklärung siehe Seite 7). Kürze die beiden Trinkhalme mit der Schere so, dass sich das Gelenk jeweils in der Mitte der Halme befindet.

**2** Stecke die Halme ein Stück weit in die Löcher hinein. Biege sie so, dass sie in entgegengesetzter Richtung von der Flasche wegzeigen. Dichte die Ritzen zwischen Halmen und Flasche mit Knetmasse ab.

**3** Fülle den Eimer ganz voll mit Wasser und stelle ihn nach draußen. Dann tauche die Flasche unter, bis sie mit Wasser vollgelaufen ist.

**4** Ziehe die Flasche an der Schnur aus dem Wasser und halte sie am gestreckten Arm vor dich. Lass das Wasser durch die Strohhalme auslaufen.

# schnell und langsam

## Was passiert?

Wenn das Wasser ausläuft, beginnt die Flasche sich zu drehen. Sie dreht sich entgegengesetzt zu der Richtung, in die die Strohhalme zeigen.

## Warum ist das so?

Das Gewicht des Wassers drückt auf den Boden und die Wand der Flasche. Diesen Wasserdruck kannst du in einem anderen Experiment spüren (siehe auch Seite 36). Mit diesem Druck spritzt das Wasser durch die zur Seite gebogenen Trinkhalme heraus und bringt die Flasche damit zum Drehen.

*Wasser hat Kraft und kann Dinge bewegen.*

## Wo kommt das noch vor?

Die Kraft, die die Flasche zum Drehen bringt, kannst du auch spüren, wenn du einen Gartenschlauch voll aufdrehst. Dann musst du den Schlauch gut festhalten, damit er dir nicht aus der Hand springt. Noch mehr Kraft braucht man bei einem Feuerwehrschlauch, der viel dicker als der Gartenschlauch ist. Aus ihm spritzt viel mehr Wasser auf einmal heraus. Manchmal müssen sogar zwei Feuerwehrleute zusammen den Schlauch festhalten, wenn bei Löscharbeiten viel Wasser gebraucht wird.

# Wasser drückt

**Wie fühlt sich Wasser an? Flüssig und nass, wirst du vielleicht sagen. Wenn du deine Hand in einen Folienbeutel steckst und dann ins Wasser hältst, spürst du noch etwas Überraschendes.**

## Was brauchst du?

●○○ leicht   ⏱ 5 Minuten

- 1 Schüssel mit handwarmem Wasser
- 1 Handtuch
- 1 dünnen Folienbeutel (z. B. Frühstücksbeutel)

## Wie gehst du vor?

**1** Tauche deine Hand ins Wasser und halte sie dort einen Moment. Ziehe deine Hand dann wieder aus dem Wasser und trockne sie gut ab.

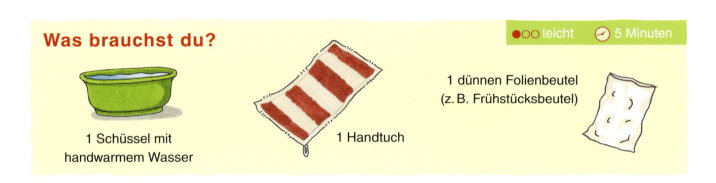

Wie fühlt sich deine Hand im Wasser an?

Was macht das Wasser mit dem Beutel?

**2** Ziehe dir nun den Folienbeutel wie einen Handschuh über deine offene Hand. Jetzt tauchst du die Hand wieder langsam ins Wasser. Das Wasser darf dabei nicht in den Beutel laufen.

**3** Ziehe deine Hand mit dem Folienbeutel wieder aus dem Wasser. Jetzt machst du eine Faust und tauchst mit der Faust im Folienbeutel wieder so in die Schüssel, dass kein Wasser in den Beutel hineinläuft. Versuche, deine Hand unter Wasser zu öffnen.

## flüssig und fest

## Was passiert?

Ohne Beutel fühlt sich das Wasser einfach nur nass an. Steckt deine Hand in einem Folienbeutel, so legt sich dieser im Wasser ganz dicht um die Hand.

Wenn du vor dem Eintauchen im Beutel eine Faust gemacht hast, schaffst du es kaum, sie unter Wasser wieder zu öffnen.

## Warum ist das so?

Wasser ist flüssig und bewegt sich sehr leicht. Aber Wasser hat auch ein Gewicht. Dieses Gewicht spürst du, wenn du die Schüssel mit Wasser hochhebst. Mit seinem Gewicht drückt das Wasser auf alles, was im Wasser ist, auch auf deine Hand. Das spürst du aber in der Schüssel zunächst nicht, weil der Druck nur sehr leicht ist. Erst wenn du den Folienbeutel über die Hand ziehst, kannst du den Druck des Wassers spüren, den es auf die Folie ausübt, die viel leichter verformbar ist als deine Hand. Es drückt die Folie ganz eng an deine Haut.

## Wo kommt das noch vor?

Der Druck, den das Wasser auf Lebewesen und Gegenstände ausübt, wird immer größer, je tiefer man im Wasser ist. Das ist deshalb so, weil dann immer mehr Wasser über einem ist. Darum braucht man ein Tauchboot, um in große Meerestiefen abzutauchen. Das Wasser würde einen menschlichen Körper sonst zerquetschen. Beim Tauchboot passiert das nicht. Es ist aus stabilem Stahl gebaut und hält dem Wasserdruck stand. Tauchboote benutzt man zum Beispiel, um in großen Meerestiefen zu arbeiten oder nach unbekannten Lebewesen zu forschen.

Wasser drückt mit seinem Gewicht auf alles, was sich in ihm befindet.

# Wo bleibt das Salz im Wasser?

**Beim Kartoffelnkochen gibt man Salz ins Wasser. Kurz darauf sieht man es nicht mehr. Was passiert eigentlich damit?**

### Was brauchst du?

●●● schwer  🕐 20 Minuten

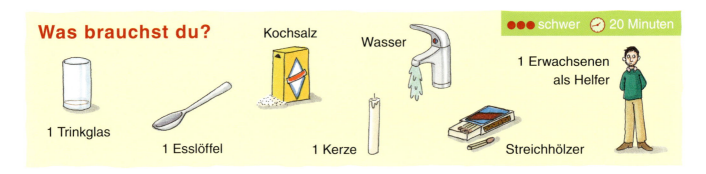

- 1 Trinkglas
- 1 Esslöffel
- Kochsalz
- 1 Kerze
- Wasser
- Streichhölzer
- 1 Erwachsenen als Helfer

### Wie gehst du vor?

**1** Fülle ein Glas halb voll mit Wasser und probiere, wie das Wasser schmeckt. Probiere auch ein paar Körnchen Salz.

**2** Nun gib einen halben Esslöffel Salz in das Wasser. Rühre gut um und warte, bis keine Salzkörnchen und Luftbläschen mehr zu sehen sind.

**3** Probiere auch einen kleinen Tropfen von dem Salzwasser.

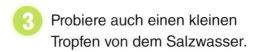

*Schmeckt das Wasser anders als vorher?*

**4** Gib etwas Salzwasser auf den Esslöffel. Bitte einen Erwachsenen, eine Kerze anzuzünden. Halte den Löffel am Ende des Stiels vorsichtig über die Flamme, bis alles trocken ist. Vorsicht, vorne wird der Löffel ziemlich heiß!

**5** Lass den Löffel kalt werden und probiere das, was im Löffel übrig geblieben ist.

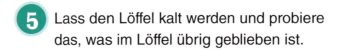

# flüssig und fest

## Was passiert?

Nach dem Umrühren kannst du das Salz im Wasser nicht mehr sehen. Wenn du das Wasser probierst, kannst du das Salz aber noch schmecken. Über der Kerzenflamme wird das Wasser erhitzt und verschwindet. Zurück bleibt eine weiße Kruste, die auch salzig schmeckt.

## Warum ist das so?

Das Salz ist im Wasser nicht verschwunden. Es hat sich in viele winzige Teilchen aufgelöst, die du nicht mehr sehen kannst. Du kannst aber schmecken, dass das Salz noch da ist. Über der Kerzenflamme beginnt das Wasser zu kochen und verdampft. Das Salz bleibt als Kruste auf dem Löffel zurück.

## Wo kommt das noch vor?

Hast du schon einmal beim Baden Meerwasser verschluckt? Es schmeckt salzig, denn auch im Meerwasser ist Salz aufgelöst. Um es aus dem Wasser zu gewinnen, lässt man das Wasser in großen, flachen Becken in der Sonne verdunsten. Das Salz bleibt übrig und kann eingesammelt werden.

*Was sich im Wasser aufgelöst hat, ist nicht verschwunden. Es ist noch da, auch wenn man es nicht mehr sieht.*

# Eis hat Kraft

**Wenn du zum Nachtisch ein Eis essen darfst, holst du es aus dem Gefrierfach. Es besteht unter anderem aus Wasser. Und Wasser gefriert im Tiefkühlschrank. Es wird zu Eis: kalt und fest. Aber dabei passiert noch etwas Erstaunliches. Lass dich überraschen!**

**Was brauchst du?**

2 Marmeladengläser, eines mit Schraubdeckel

1 Plastikschale, in die die beiden Marmeladengläser hineinpassen

1 Krug mit Wasser

Tiefkühlfach

●●○ mittel    10 Minuten (1 Tag)

**1** Fülle beide Marmeladengläser bis zum Rand mit Wasser. Ein Glas verschließt du fest mit dem Deckel, das andere Glas lässt du offen. Wenn Wasser übergelaufen ist, trockne die Gläser vorsichtig wieder ab. Stelle beide Gläser in die Plastikschale.

**2** Die Schale mit den Gläsern stellst du vorsichtig ins Tiefkühlfach. Pass auf, dass dabei aus dem offenen Glas kein Wasser ausläuft. Lass die Gläser über Nacht im Eisschrank stehen.

**3** Am nächsten Tag holst du die Gläser wieder aus dem Gefrierfach. Schau sie dir genau an. Wenn ein Glas dabei kaputtgegangen ist, bitte einen Erwachsenen, es wegzuwerfen. Lass die Gläser dann in der Plastikschale ein paar Stunden im Zimmer stehen.

## flüssig und fest

### Was passiert?

Über Nacht ist aus dem Wasser im Tiefkühlfach Eis geworden. Das Eis im offenen Glas hat einen kleinen Berg über dem Rand des Marmeladenglases gebildet. Im anderen Glas hat das Eis den Deckel hochgedrückt. Manchmal platzt das Glas sogar dabei. Während das Eis schmilzt, schaut immer ein kleiner Eisberg aus dem Wasser heraus. Das Wasser läuft dabei aber nicht über den Glasrand.

### Warum ist das so?

Wenn Wasser zu Eis wird, braucht es mehr Platz. Deshalb passt das Eis nicht mehr ins Glas. Aus dem offenen Glas wölbt es sich oben hinaus. Wenn das Glas verschlossen ist, kann das Eis sogar den Deckel hochdrücken oder das Glas platzen lassen. So viel Kraft hat es.

### Wo kommt das noch vor?

Im Winter kann es passieren, dass bei starkem Frost das Wasser in der Wasserleitung im Garten einfriert. Dann kann das Eis sogar ein Wasserrohr aus Metall zum Platzen bringen. Wenn das Wasser dann wieder auftaut, ist die Leitung undicht und es kann eine Überschwemmung geben.

Wenn Wasser zu Eis wird, braucht es mehr Platz.

# Weiß oder Schwarz: Was ist wärmer?

**Was ziehst du an einem heißen Sommertag an? Vielleicht ein T-Shirt und kurze Hosen, damit du nicht schwitzt. Aber achtest du auch auf die Farbe?**

## Was brauchst du?

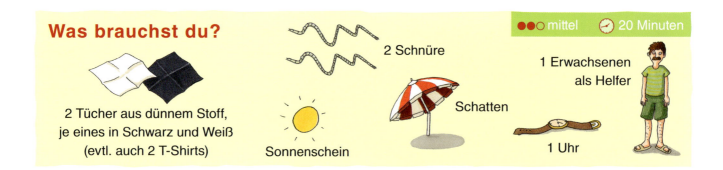

2 Tücher aus dünnem Stoff, je eines in Schwarz und Weiß (evtl. auch 2 T-Shirts)

2 Schnüre

Sonnenschein

Schatten

●●○ mittel   🕐 20 Minuten

1 Erwachsenen als Helfer

1 Uhr

## Wie gehst du vor?

**1** Stell dich an einem sonnigen Tag in den Schatten. Bitte einen Helfer, dir das schwarze Tuch auf einen Arm und das weiße Tuch auf den anderen Arm zu legen. Dann bindet er die Tücher mit den Schnüren fest.

*Fühlt sich ein Arm wärmer an als der andere?*

**2** Warte nun etwa drei Minuten und prüfe mit deinen Händen, wie sich die Oberseiten der beiden Tücher anfühlen.

**3** Gehe jetzt an einen sonnigen Platz. Halte beide Arme direkt ins Sonnenlicht.

**4** Bleibe wieder drei Minuten lang stehen. Prüfe nun, wie sich deine Arme und die Oberseiten der Tücher anfühlen.

*Wie fühlen sich die beiden Tücher jetzt an?*

# kalt und warm

## Was passiert?

Im Schatten fühlen sich beide Tücher gleich an, egal wie lange sie auf deinen Armen liegen und welche Farbe sie haben.

Nach ein paar Minuten in der Sonne ist das schwarze Tuch aber viel wärmer geworden als das weiße. Auch dein Arm unter dem schwarzen Tuch fühlt sich wärmer an als der unter dem weißen.

## Warum ist das so?

Die Tücher sind aus dem gleichen Stoff, deshalb fühlen sie sich normalerweise gleich warm an. Wenn aber Sonnenlicht auf die Tücher scheint, verhalten sie sich unterschiedlich. Das liegt an ihrer Farbe. Vom weißen Tuch werden viele der Lichtstrahlen wieder zurückgeworfen, auch zu deinen Augen. Deshalb sieht das weiße Tuch auch so hell aus und es erwärmt sich kaum. Das schwarze Tuch dagegen nimmt die meisten Licht- und Wärmestrahlen auf. Deswegen sieht es so dunkel aus und wird in der Sonne ganz warm.

*Dunkle Gegenstände werden in der Sonne wärmer als helle.*

## Wo kommt das noch vor?

In heißen Ländern streichen die Menschen ihre Häuser oft in hellen Farben an. Dann werfen die Hauswände viel Sonnenlicht zurück und werden nicht so heiß. In Griechenland gibt es zum Beispiel Dörfer, die fast ganz weiß aussehen.

# Frieren mit Wasser und Wind

Bist du bei einem Regenguss schon einmal so richtig nass geworden? Das ist ganz schön unangenehm, vor allem, weil einem dann außerdem auch immer gleich so kalt wird. Warum eigentlich?

## Was brauchst du?

●●○ mittel  🕐 20 Minuten

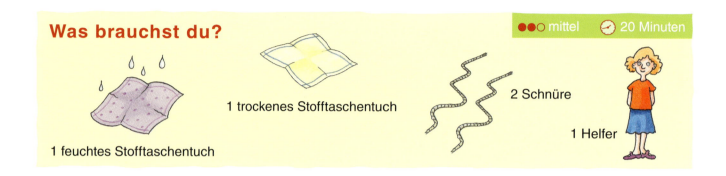

1 feuchtes Stofftaschentuch
1 trockenes Stofftaschentuch
2 Schnüre
1 Helfer

## Wie gehst du vor?

**1** Suche dir einen Platz im Zimmer, an dem kein Luftzug zu spüren ist. Bitte dann deinen Helfer, dir das trockene Tuch um einen Unterarm und das feuchte Tuch um den anderen Unterarm zu legen und mit den Schnüren festzubinden.

**2** Bleibe nun einen Moment sitzen und bewege dich nicht.

*Wie fühlen sich die beiden Tücher an?*

**3** Dann stehst du auf und bewegst kräftig deine Arme für eine Weile. Wenn es draußen trocken und nicht zu kalt ist und etwas Wind weht, kannst du auch nach draußen gehen und dich in den Wind stellen.

*Wie fühlen sich die Tücher jetzt an?*

## kalt und warm

## Was passiert?

Das nasse Tuch fühlt sich viel kälter an als das trockene. Nach einer Weile Stillsitzen wird es etwas wärmer. Wenn du die Arme kräftig bewegst oder im Wind stehst, fühlt sich das feuchte Tuch wieder deutlich kälter an.

## Warum ist das so?

Das Wasser im feuchten Tuch verdunstet an der Luft. Das bedeutet, dass das Tuch dabei ganz langsam trocknet. Zum Verdunsten braucht das Wasser Wärme. Und die holt es sich von deinem Arm. Deshalb fühlt er sich kalt an. Je trockener das Tuch mit der Zeit wird, desto weniger kalt fühlt es sich an, weil immer weniger Wasser verdunstet. Wenn du deinen Arm durch die Luft bewegst oder wenn es windig ist, verdunstet das Wasser noch schneller und das feuchte Tuch fühlt sich noch kälter an.

Wenn du nach dem Baden im Meer oder im Freibad aus dem Wasser steigst und dich nicht abtrocknest, frierst du schnell, auch wenn die Luft ganz warm ist. Dann verdunstet das Wasser auf deiner Haut sogar besonders gut. Noch mehr frierst du, wenn es windig ist. Erst, wenn dein Körper ganz trocken ist, wird dir wieder wärmer.

*In nasser Kleidung friert man viel schneller als in trockener.*

45

# Heiß gehts schneller

Heißes und kaltes Wasser fühlen sich nicht nur unterschiedlich an.
Sie können auch ganz verschiedene Dinge. Was kann heißes Wasser
zum Beispiel besonders gut?

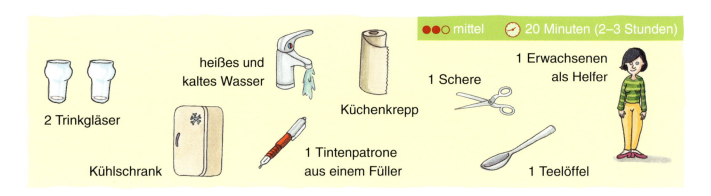

## Wie gehst du vor?

**1** Fülle ein Glas mit kaltem Wasser und stelle es zwei Stunden lang in den Kühlschrank.

**2** Nachdem du es herausgeholt hast, füllst du das zweite Glas mit möglichst heißem Leitungswasser. Lass dir dabei am besten von einem Erwachsenen helfen.

**3** Bitte deinen Helfer, eine offene Tintenpatrone aus einem Füller herauszuholen. Ihr könnt auch eine geschlossene Tintenpatrone vorsichtig über einem Küchenkrepp aufschneiden.

**4** Tropfe je drei Tropfen Tinte in beide Gläser. Beobachte eine ganze Weile lang, was passiert.

# kalt und warm

## Was passiert?

Die Tinte verteilt sich im Wasser und bildet dabei schöne Figuren. Nach einer Weile ist das Wasser gleichmäßig blau gefärbt. Das dauert im kalten Wasser aber viel länger als im heißen.

## Warum ist das so?

Das Wasser im Glas besteht aus ganz vielen winzigen Teilchen, die immer in Bewegung sind. Diese Teilchen und ihre Bewegung kannst du aber nicht sehen. Je heißer das Wasser ist, desto stärker bewegen sich die Teilchen. Es ist so, als ob du das Wasser mit einem Löffel umrührst. Deshalb verteilt sich die Tinte im heißen Wasser viel schneller und besser als im kalten.

## Wo kommt das noch vor?

Alles, was sich in Wasser auflösen kann, löst sich in heißem Wasser besser und schneller auf als in kaltem. Das gilt auch für Schmutz. Deshalb werden Geschirr und Besteck mit heißem Wasser abgespült. Damit löst sich vor allem fettiger Schmutz leichter ab als mit kaltem Wasser.

*Je heißer das Wasser ist, umso besser lässt sich damit spülen und waschen.*

# Der Luftballon in der Flasche

Hast du schon einmal versucht, einen Luftballon in einer Flasche aufzublasen? Das klappt nicht, weil die Flasche schon mit Luft gefüllt ist. Mehr passt einfach nicht hinein. Hier siehst du, wie es trotzdem geht.

## Was brauchst du?

●●○ mittel   ⏱ 20 Minuten

- 1 durchsichtige Glasflasche (0,75 oder 1 Liter)
- Topfhandschuhe
- heißes und kaltes Leitungswasser
- 1 Luftballon
- 1 Helfer

## Wie gehst du vor?

**1** Ziehe die Topfhandschuhe an. Fülle dann möglichst heißes Wasser aus der Leitung in die Flasche.

**2** Lass die Flasche mit dem heißen Wasser darin etwa eine Minute lang stehen.

**3** Dann schüttest du das Wasser wieder aus.

**4** Bitte nun deinen Helfer, ganz schnell den Luftballon über die Öffnung der heißen Flasche zu ziehen.

**5** Lass die Flasche jetzt abkühlen. Das geht schneller, wenn du kaltes Leitungswasser darüberlaufen lässt. Die Topfhandschuhe kannst du nun ausziehen. Zupfe ein paar Mal an dem Luftballon und lass ihn wieder los.

Was passiert mit dem Luftballon, wenn die Flasche kälter wird?

# kalt und warm

## Was passiert?

Während die Flasche abkühlt, zieht sich der Luftballon zusammen und wird ganz platt. Dann flutscht er sogar in die Flasche hinein und bläst sich mit Luft auf.

## Warum ist das so?

Wenn du das heiße Wasser aus der Flasche ausschüttest, bleibt heiße Luft in der Flasche. Heiße Luft braucht mehr Platz als kalte. Kühlt die Flasche ab, wird auch die Luft kälter und braucht nun weniger Platz. Sie zieht sich zusammen. Dabei zieht sie auch den Luftballon in die Flasche hinein. Das sieht dann so aus, als ob sich der Luftballon in der Flasche aufbläst. Je kälter die Luft wird, umso größer wird der Luftballon.

## Wo kommt das noch vor?

Die Tür vom Gefrierschrank geht eigentlich ganz leicht auf, wenn du dir zum Beispiel ein Eis herausholst. Danach machst du die Tür schnell wieder zu. Wenn du sie aber sofort danach wieder versuchst aufzumachen, geht das viel schwerer. Beim ersten Öffnen ist nämlich warme Luft in den Gefrierschrank geströmt. Die hat sich im Gefrierschrank rasch abgekühlt. Und weil sich kalte Luft zusammenzieht, hält sie die Tür von innen fest.

*Kalte Luft braucht weniger Platz als warme.*

# Wo sind die Farben in der Nacht?

Kennst du den Spruch „Nachts sind alle Katzen grau"? Was das bedeutet, kannst du mit diesem Experiment herausfinden. Du kannst es auch als lustiges Wettspiel ausprobieren, etwa mit bunten Schokolinsen.

## Was brauchst du?

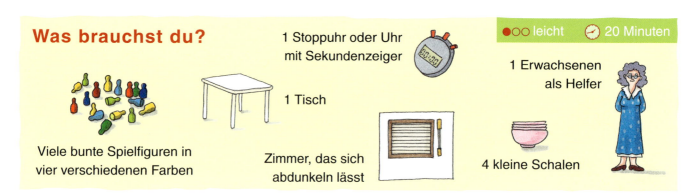

●○○ leicht   20 Minuten

Viele bunte Spielfiguren in vier verschiedenen Farben

1 Stoppuhr oder Uhr mit Sekundenzeiger

1 Tisch

Zimmer, das sich abdunkeln lässt

1 Erwachsenen als Helfer

4 kleine Schalen

## Wie gehst du vor?

**1** Verteile die Spielfiguren durcheinander auf dem Tisch und stelle die Schalen daneben.

**2** Bitte einen Erwachsenen, auf die Uhr zu schauen und das Startsignal zu geben. Sortiere nun alle Spielfiguren so schnell wie möglich nach Farben in die Schalen. Wenn du fertig bist, sagt dir der Helfer, wie lange du gebraucht hast.

**3** Schütte nun die Spielfiguren wieder auf den Tisch, mische sie und stelle wieder die vier Schalen daneben. Dann macht der Helfer das Licht aus. Im Zimmer soll es fast ganz dunkel sein.

**4** Nun sortierst du wieder alle Figuren so schnell wie möglich nach ihren Farben in die Schalen. Der Helfer stoppt die Zeit, die du dafür brauchst.

Geht das Sortieren im hellen oder im dunklen Zimmer schneller?

# hell und dunkel

## Was passiert?

Im hellen Zimmer kannst du ganz leicht die Spielfiguren nach ihren Farben sortieren. Im Dunkeln brauchst du viel länger dazu. Bestimmt hast du auch einige Fehler beim Sortieren gemacht.

## Warum ist das so?

Im Hellen siehst du sowohl die Figuren als auch die Farben ganz deutlich. Mit wenig Licht kannst du zwar immer noch sehen, aber viel schlechter als im Hellen. Im Dämmerlicht erkennst du die Figuren noch gut, aber die unterschiedlichen Farben kannst du kaum wahrnehmen. Das nennt man Dämmerungssehen. Um Farben zu erkennen, brauchen die Augen mehr Licht. Weil du im Dunkeln die Farben nur schlecht erkennst, brauchst du längere Zeit beim Sortieren. Zudem machst du dabei Fehler.

Zum Farbensehen brauchst du viel Licht.

## Wo kommt das noch vor?

Die meisten Tiere sehen etwas anders als Menschen. Hunde zum Beispiel können in der Dämmerung viel besser sehen als wir Menschen. Sie sehen bei Tag und Nacht gleich gut. Ihre Augen können auch besonders gut Bewegungen wahrnehmen. Deswegen kann ein Schäferhund seinen Besitzer erkennen, der sich in 1,5 km Entfernung bewegt. Dafür erkennen Hunde keine Gelb-, Rot- und Orangetöne.

# Eine Falle für das Licht

Je dunkler es abends wird, umso schlechter können wir sehen.
Meist gibt es aber auch mitten in der Nacht irgendwo immer noch
ein bisschen Licht, zum Beispiel vom Mond. Hast du es schon einmal
erlebt, dass es ganz und gar dunkel war?

## Was brauchst du?

●○○ leicht   🕐 10 Minuten

1 kleine Schere

1 Tasse oder Becher

2 Blatt schwarzes Tonpapier

## Wie gehst du vor?

**1** Schneide in die Mitte eines der beiden schwarzen Tonpapiere ein etwa daumengroßes Loch.

**2** Lege das Papier mit dem Loch auf das andere schwarze Blatt. Schau dir das schwarze Papier unter dem Loch genau an.

*Kannst du das Loch gut erkennen, wenn es auf dem schwarzen Papier liegt?*

**3** Jetzt legst du das schwarze Papier mit dem Loch so auf die Tasse, dass das Loch direkt über der Tasse ist.

*Wie sieht das Loch jetzt aus?*

52

## hell und dunkel

## Was passiert?

Auf dem schwarzen Untergrund kannst du das Loch im Papier kaum erkennen. Es sieht genauso aus wie das Papier drumherum.

Wenn das Papier aber auf der Tasse liegt, ist das Loch schwärzer. Es sieht wie ein tiefschwarzer Punkt auf schwarzem Papier aus.

## Warum ist das so?

Wenn es hell ist, fällt Licht auf alles, was du siehst. Einige Gegenstände sehen hell aus, zum Beispiel eine weiße Wand. Die Lichtstrahlen werden von ihr zurückgeworfen, auch zu deinen Augen. Du kannst nur das Licht sehen, das in dein Auge fällt. Andere Dinge sehen dunkel aus, wie etwa das schwarze Blatt Papier, weil sie einen großen Teil der Lichtstrahlen in sich aufnehmen (siehe auch Experiment Seite 42). Aber etwas Licht kommt trotzdem zu deinen Augen zurück. Sonst würdest du das Papier gar nicht sehen. Das Licht hingegen, das durch das Loch in die Tasse fällt, kommt nicht wieder zu deinen Augen zurück. Das Loch ist wie eine Falle für das Licht. Deshalb sieht das Loch, und damit das Innere der Tasse, noch schwärzer aus als das schwarze Papier.

*Dort, wo gar kein Licht ist, ist es total schwarz. Du kannst nichts mehr sehen.*

## Wo kommt das noch vor?

Dort, wo gar kein Licht mehr hinkommt, kannst du auch nichts mehr sehen – zum Beispiel bei Nacht im dunklen Wald oder in einer dunklen Höhle. Es gibt aber Tiere, die auch dort noch „sehen" können: die Fledermäuse. In tiefster Finsternis sehen Fledermäuse nicht mit den Augen, sondern hören das Echo ihrer Stimme und finden sich damit zurecht. So können sie in einer absolut dunklen Umgebung fliegen und sogar Insekten jagen.

53

# Lange und kurze Schatten

Hast du schon mal deinen Schatten in der Sonne oder abends unter einer Straßenlaterne beobachtet? Mal ist er ganz lang, dann wieder kurz. Wie kommt das?

## Was brauchst du?

●○○ leicht　⏲ 5 Minuten

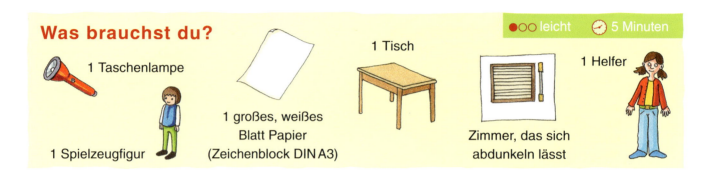

- 1 Taschenlampe
- 1 Spielzeugfigur
- 1 großes, weißes Blatt Papier (Zeichenblock DIN A3)
- 1 Tisch
- Zimmer, das sich abdunkeln lässt
- 1 Helfer

## Wie gehst du vor?

**1** Stelle die Figur auf das weiße Blatt. Nimm die Taschenlampe in die Hand und bitte deinen Helfer, das Licht auszuschalten. Es muss ganz dunkel im Zimmer sein.

**2** Leuchte jetzt die Figur mit der Taschenlampe seitlich von schräg oben an und halte die Taschenlampe ruhig.

Wie lang ist der Schatten?

**3** Halte nun die Taschenlampe ganz steil über die Figur.

Wie sieht der Schatten nun aus?

**4** Als Letztes halte die Taschenlampe ganz flach über der Tischplatte und leuchte die Figur an.

Wie lang ist der Schatten jetzt?

**hell und dunkel**

## Was passiert?

Wenn du die Figur anleuchtest, siehst du einen Schatten, der von der Lampe wegzeigt. Fällt das Licht steil von oben auf die Figur, wird der Schatten ganz kurz. Hältst du die Taschenlampe ganz flach, ist der Schatten lang.

## Warum ist das so?

Die Figur steht dem Licht, das auf sie fällt, im Weg. Dort, wo die Figur das Licht abschirmt, gibt es einen Schatten. Leuchtest du mit der Taschenlampe von schräg oben auf die Figur, trifft das Licht nah bei der Figur auf den Boden und es bildet sich nur ein kleiner Schatten. Leuchtest du von der Seite, erreicht das Licht erst weiter entfernt hinter der Figur wieder den Boden und der Schatten wird lang.

## Wo kommt das noch vor?

Auch die Sonne bewegt sich am Himmel. Morgens steht sie flach am Himmel, mittags steil in der Höhe und abends wieder flach. Diese Bewegung der Sonne kannst du an einer Sonnenuhr beobachten. Sie besteht aus einem Stab, der im Boden oder in einer Wand steckt. Wenn die Sonne scheint, wirft der Stab einen Schatten. Morgens und abends ist er sehr lang, mittags am kürzesten. Im Lauf eines Tages wandert der Schatten im Halbkreis und man kann die Uhrzeit daran ablesen.

> Bei Sonnenschein wirfst du immer einen Schatten. Wie lang er ist, hängt davon ab, wie steil das Licht auf dich fällt.

# Schattenspiele

Wie viele Schatten wirft dein Körper eigentlich, wenn du in der Sonne stehst? Einen, na klar! In diesem Versuch kannst du gleich mehrere Schatten von einer Figur machen.

## Was brauchst du?

●●○ mittel  🕐 20 Minuten

- 1 weiße Pappschachtel (Schuhkarton)
- 1 weißes Blatt Papier
- 1 Spielzeugfigur
- 1 Erwachsenen als Helfer
- 1 Lineal
- Zimmer, das sich abdunkeln lässt
- Zündhölzer
- 2 Teelichter

## Wie gehst du vor?

**1** Stelle den Schuhkarton so auf, dass sein Boden eine Wand bildet. Lege vor diese Kartonwand das Blatt Papier. Bitte einen Helfer, mit dem Lineal den Abstand von 15 cm zur Kartonwand auszumessen. Dorthin stellst du das Teelicht. Zwischen Teelicht und Kartonwand kommt die Figur, sie soll 5 cm von der Kartonwand entfernt stehen. Nun zündet der Helfer das Teelicht an und du machst das Licht im Zimmer aus.

*Was siehst du auf der Schuhkartonwand?*

**2** Stelle nun das zweite Teelicht so neben das erste, dass sich die beiden Teelichter berühren. Dann zündet dein Helfer das zweite Teelicht an.

*Wie viele Schatten siehst du jetzt?*

**3** Rücke die beiden Teelichter nun vorsichtig so weit auseinander, dass sie etwa 10 cm voneinander entfernt sind.

*Was passiert mit den Schatten?*

56

## hell und dunkel

### Was passiert?

Brennt ein Teelicht, wirft die Figur einen Schatten an die Wand.

Brennen zwei Kerzen dicht nebeneinander, siehst du zwei hellgraue Schatten, die sich in der Mitte überschneiden und dort viel dunkler grau sind.

Wenn du die Kerzen auseinanderrückst, wandern auch die Schatten auseinander. Der dunkelgraue Schatten verschwindet.

### Warum ist das so?

Die Flamme wirft Licht auf die Figur und auf die Wand. Das Licht, das auf die Figur fällt, kann nicht auf die Wand fallen. An dieser Stelle ist der Schatten der Figur zu sehen.

Brennen zwei Kerzen, die dicht zusammenstehen, wirft die Figur zwei Schatten auf die Wand. Dabei kommt der rechte Schatten von der linken Kerze und der linke Schatten von der rechten Kerze. Weil die beiden Schatten so nah beieinanderliegen, überdecken sie sich in der Mitte zu einem dunklen Schattenbild, das Kernschatten heißt. Hier schirmt die Figur das Licht beider Kerzen ab.

Wenn du die Teelichter weiter auseinanderrückst, rücken auch die Schatten an der Wand auseinander. Weil sie sich nicht mehr überschneiden, verschwindet der dunkle Kernschatten.

*Jedes Licht macht bei einem Gegenstand einen eigenen Schatten.*

### Wo kommt das noch vor?

Hast du schon einmal ein Fußballspiel in einem Stadion gesehen, das am Abend mit Flutlicht beleuchtet war? Dort stehen an allen vier Ecken des Spielfeldes die großen Scheinwerfer. Dann werfen die Spieler auch vier Schatten, die wie ein Kreuz in die vier Ecken des Fußballplatzes zeigen. Jeder der vier Scheinwerfer macht nämlich einen Schatten, der vom jeweiligen Scheinwerfer wegzeigt.

# Das tönende Lineal

In der Musik gibt es tiefe und hohe Töne. Ein Lied zum Beispiel besteht aus vielen verschieden hohen Tönen. Wie kommen die eigentlich zustande? Hier kannst du es einmal ausprobieren.

## Was brauchst du?

●●○ mittel   🕒 5 Minuten

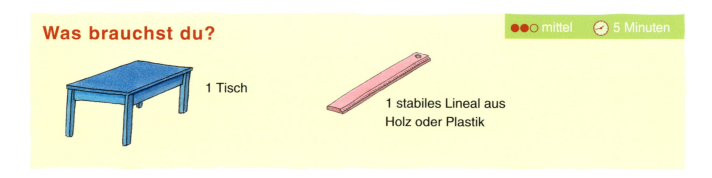

1 Tisch

1 stabiles Lineal aus Holz oder Plastik

## Wie gehst du vor?

**1** Lege das Lineal so auf den Tisch, dass etwas weniger als die halbe Länge über die Tischkante hinausreicht. Drücke das Lineal mit deiner Hand auf Höhe der Tischkante fest auf den Tisch. Mit der anderen Hand zupfst du am freien Ende des Lineals.

Was passiert, wenn du am Lineal zupfst?

**2** Nun verschiebst du das Lineal so, dass ein deutlich längerer Teil des Lineals über den Tisch hinausragt. Zupfe wieder daran und höre genau hin.

**3** Zupfe nun noch einmal an dem Lineal und ziehe es dann möglichst schnell mit der anderen Hand flach auf den Tisch. Dabei soll das Lineal noch einen Moment weiterschwingen.

## laut und leise

## Was passiert?

Das Lineal macht Töne, wenn du daran zupfst. Der Ton ist höher, wenn das Lineal nur wenig über den Tischrand hinausragt, und tiefer, wenn ein längerer Teil übersteht. Wenn du das lang überstehende Lineal anzupfst und es dann schnell auf den Tisch ziehst, ist der Ton erst tief und wird dann ganz schnell immer höher.

## Warum ist das so?

Wenn du das Lineal zupfst, fängt es an zu schwingen. Das freie Ende bewegt sich dann ganz schnell auf und ab – so schnell, dass du es gar nicht richtig sehen kannst. Du siehst es nur als verschwommenes Bild. Beim Schwingen schlägt das Lineal auch ganz schnell leicht auf den Tisch. Je kürzer das schwingende Ende ist, desto schneller schlägt das Lineal. Das ergibt einen hohen Ton. Ist das Lineal länger, so schwingt es nicht so schnell. Das ergibt einen tieferen Ton.

## Wo kommt das noch vor?

Bei den Saiten einer Gitarre verhält es sich genauso. Wenn du an der Saite zupfst, fängt sie an zu schwingen. Sie bewegt sich ganz schnell hin und her. Dabei macht sie den Ton. Verkürzt du die Saite, indem du einen Finger am Gitarrenbund darauf hältst, wird der Ton höher.

> Der Ton wird tiefer, je länger der schwingende Gegenstand ist.

# Die Flaschenorgel

**Viele Musikinstrumente funktionieren mit Luft. Mit ein paar Limonadeflaschen und etwas Wasser kannst du dir eine eigene Flaschenorgel bauen, die du sogar wie ein richtiges Instrument stimmen kannst.**

## Was brauchst du?

●●● schwer  20 Minuten

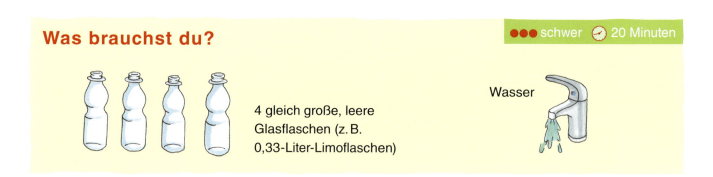

4 gleich große, leere Glasflaschen (z. B. 0,33-Liter-Limoflaschen)

Wasser

## Wie gehst du vor?

**1** Blase in eine der leeren Flaschen hinein und versuche, einen möglichst klaren und lauten Ton zu machen. Am besten geht das, wenn du die untere Hälfte vom Mund etwas zurückschiebst. Dann hältst du den Flaschenrand an die Unterlippe und bläst von schräg oben in die Flasche hinein.

**2** Fülle nun jede Flasche unterschiedlich voll mit Wasser: die erste Flasche mit nur wenig Wasser, die zweite Flasche füllst du ein Drittel voll, die dritte halb und die vierte zwei Drittel voll. Voller sollte keine der Flaschen werden.

**3** Jetzt nimm nacheinander jede Flasche in die Hand und blase vorsichtig hinein, so wie im ersten Schritt. Versuche, die Flaschen in eine geordnete Reihe zu stellen: Zuerst kommt die Flasche mit dem tiefsten Ton und zum Schluss die Flasche mit dem höchsten Ton.

# laut und leise

## Was passiert?

Wenn du die leere Flasche richtig anbläst, macht sie einen tiefen, dumpfen Ton – wie eine Schiffshupe.

Mit Wasser in der Flasche wird der Ton höher. Je mehr Wasser in der Flasche ist, umso höher wird er. Sortierst du die Flaschen nach der Tonhöhe, so werden sie von einem Ende zum anderen immer voller.

## Warum ist das so?

Wenn du in die Flasche hineinbläst, fängt die Luft in der Flasche an zu schwingen. Das kannst du nicht sehen, aber hören. Die schwingende Luft macht nämlich den Ton, den du hörst. Der Ton klingt am tiefsten, wenn ganz viel Luft in der Flasche ist. Je weniger Luft in der Flasche ist, umso höher wird der Ton.

## Wo kommt das noch vor?

Hast du dir in einer Kirche die große Orgel schon einmal genauer angesehen? Sie hat ganz viele unterschiedlich lange und dicke Röhren aus Holz oder Metall. Man nennt sie Orgelpfeifen. Wenn man eine Taste der Orgel drückt, strömt Luft durch eine der Röhren und es entsteht ein Ton. Je größer und höher die Pfeifen sind, umso mehr Luft befindet sich darin und desto tiefer ist der Ton.

*Je größer der Raum in einem Instrument ist, in dem die Luft schwingt, umso tiefer wird der Ton, der dabei entsteht.*

# Kleiderbügel als Kirchenglocke

Es gibt Geräusche, die sind ganz laut. Andere hört man fast gar nicht, zum Beispiel das Ticken einer Uhr. Hier kannst du entdecken, wie du leise Geräusche viel lauter hören kannst.

## Was brauchst du?

●○○ leicht    🕐 10 Minuten

- 1 Kleiderbügel aus Draht
- 2 Schnüre, etwa 50 cm lang
- 1 Bleistift
- 1 Helfer

## Wie gehst du vor?

**1** Knote an der langen Seite des Kleiderbügels an jedes Ende eine Schnur. Halte mit jeder Hand jeweils ein Ende der Schnüre fest und lass den Bügel daran hängen.

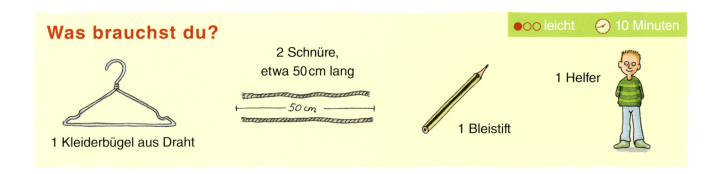

Wie hört sich das Geräusch an?

**2** Bitte nun deinen Helfer, mit dem Bleistift leicht an den Bügel zu klopfen. Höre genau hin.

**3** Jetzt legst du die Schnurenden über deine Daumen. Halte dann deine Daumen so, dass die Schnurenden deine Ohren berühren. Beuge dich etwas nach vorne und lass den Bügel frei hängen. Der Helfer klopft nun wieder mit dem Bleistift leicht an den Bügel.

Wie klingt das Klopfen mit dem Bleistift jetzt?

# laut und leise

## Was passiert?

Der Kleiderbügel macht zunächst einen leisen metallischen Ton.

Wenn du die Schnüre direkt an deine Ohren hältst, hört sich der Ton viel lauter an. Der Kleiderbügel klingt fast wie eine Kirchenglocke.

## Warum ist das so?

Die Töne und Geräusche, die du hörst, trägt die Luft zu deinen Ohren. Auf dem Weg durch die Luft wird der Ton aber viel leiser und je weiter du von dem Ort entfernt bist, also je weiter die Luft den Ton tragen muss, umso leiser wird der Ton. Die Schnüre leiten den Ton direkt an dein Ohr – ohne die Luft. Deshalb hörst du den Ton ganz laut.

## Wo kommt das noch vor?

Sicher hat dich mal ein Kinderarzt abgehorcht. Er hört sich das Geräusch deiner Lungen oder deinen Herzschlag an und kann daran erkennen, ob du gesund oder krank bist. Damit er diese leisen Geräusche gut hören kann, benutzt er ein Stethoskop. Das ist eine Art Hörschlauch, mit dem er die Geräusche viel lauter hört, weil sie direkt an seine Ohren kommen.

*Töne hörst du viel lauter, wenn sie direkt an dein Ohr kommen.*

# Laute Töne aus dem Karton

Hast du schon einmal einen Kontrabass gesehen? Er sieht wie eine riesige Geige aus. Doch warum hat der Kontrabass so einen dicken Bauch? Mit einem selbst gebauten Bogenbass findest du es heraus.

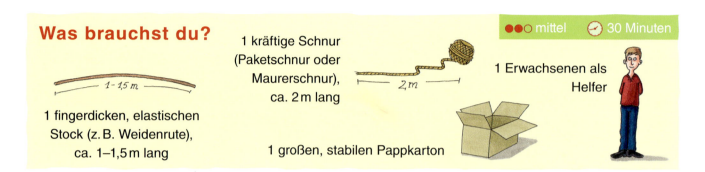

### Was brauchst du?

- 1 fingerdicken, elastischen Stock (z. B. Weidenrute), ca. 1–1,5 m lang
- 1 kräftige Schnur (Paketschnur oder Maurerschnur), ca. 2 m lang
- 1 großen, stabilen Pappkarton
- 1 Erwachsenen als Helfer

●●○ mittel  30 Minuten

## Wie gehst du vor?

**1** Knote die Schnur an einem Ende des Stockes gut fest. Bitte dann einen Erwachsenen, dass er den Stock zu einem Bogen biegt. Binde nun die Schnur am anderen Ende des Stockes fest. Die Schnur soll straff gespannt sein.

**2** Halte den Bogen in der Luft mit einer Hand fest. Dann zupfst du mit den Fingern der anderen Hand mal leicht und mal kräftig an der Schnur.

Was passiert mit der Schnur? Was hörst du?

**3** Nun drückst du ein Ende des Bogens fest auf den Pappkarton und zupfst wieder an der Schnur, mal leicht und mal kräftig.

Wie verändert sich der Ton?

# laut und leise

## Was passiert?

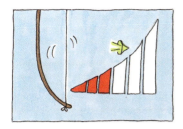

Wenn du an der Schnur zupfst, macht sie einen tiefen, aber leisen Ton.

Stellst du den Bogen auf den Pappkarton, wird der Ton viel lauter.

## Warum ist das so?

Beim Zupfen schwingt die Schnur ein kurzes Stück ganz schnell hin und her. Dann siehst du die Schnur etwas verschwommen. Durch das Schwingen erzeugt die Schnur einen tiefen Ton.

Stellst du den Bogen auf einen Pappkarton, schwingt nicht nur die Schnur, sondern auch der Pappkarton. Dadurch wird der Ton lauter.

> Saiteninstrumente klingen laut, weil sie einen großen Klangkörper haben.

## Wo kommt das noch vor?

Alle Saiteninstrumente wie der Kontrabass, das Cello, die Geige oder die Gitarre besitzen so einen hohlen Kasten wie den Pappkarton in diesem Experiment. Dieser ist aus Holz gebaut und hat eine bauchige Form. Er verstärkt die Töne und macht sie lauter. Ohne den Klangkörper würde nur der Musiker die Töne hören. Dann könnte es keine Cellokonzerte oder Gitarrenmusik zum Tanz geben.

# Balanceakt mit einem Korken

Einen Korken auf einem Finger balancieren – du glaubst, das geht nicht?
Es geht, und man muss dafür nicht einmal Zirkusjongleur sein.

## Was brauchst du?

●○○ leicht   ⏱ 10 Minuten

- 1 Flaschenkorken
- 2 Gabeln
- 1 Erwachsenen als Helfer

## Wie gehst du vor?

**1** Stelle den Korken hochkant auf deinen Zeigefinger und versuche, ihn darauf zu balancieren.

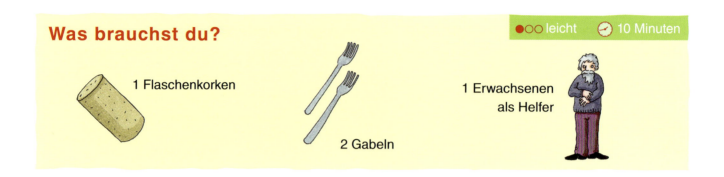

*Hast du eine Idee, wie der Korken oben bleiben könnte?*

**2** Bitte nun den Helfer, die beiden Gabeln seitlich schräg so in den Korken zu stecken, dass sie sich gegenüberstehen.

**3** Stelle nun den Korken so auf deinen Finger, dass die Griffe der Gabeln schräg nach unten zeigen, und versuche wieder, ihn zu balancieren.

**stabil und wackelig**

## Was passiert?

Es wird dir nicht gelingen, den Korken einfach so auf deinem Finger zu balancieren. Egal wie du es machst, er fällt hinunter.

Wenn aber die beiden Gabeln im Korken stecken, geht es ganz leicht. Er steht dann sehr stabil auf deinem Finger.

## Warum ist das so?

Der Korken kippt normalerweise immer auf einer Seite von deinem Finger herunter. Steckt aber auf jeder Seite eine Gabel darin, wird der Korken unten schwerer, weil die Griffe der Gabeln nach unten zeigen. Die Gabeln wirken dann wie der schwere Fuß einer Stehlampe und sorgen dafür, dass der Korken nicht so leicht umfällt.

## Wo kommt das noch vor?

Hast du schon einmal einen Artisten auf dem Hochseil beobachtet? Oft trägt er eine lange Balancierstange. Sie bewirkt das Gleiche wie die Gabeln: Sie sorgt dafür, dass der Artist auf dem Seil leichter sein Gleichgewicht halten kann.

Dinge, die unten schwerer sind als oben, fallen nicht so leicht um.

# Stehen auf drei Beinen

Wie viele Beine braucht man zum Stehen? Zwei, wirst du vielleicht sagen. Aber was beim Menschen funktioniert, klappt beim Stuhl zum Beispiel nicht.

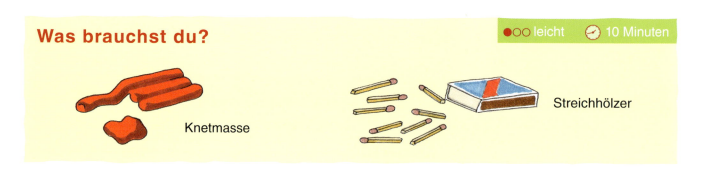

## Was brauchst du?

●○○ leicht   🕐 10 Minuten

Knetmasse

Streichhölzer

## Wie gehst du vor?

**1** Forme drei etwa murmelgroße Kugeln aus der Knetmasse.

**2** Stecke zwei Streichhölzer wie Beine in eine der drei Kugeln. Versuche, die Kugel auf diese beiden Beine zu stellen.

**3** Stecke nun drei Streichhölzer im Dreieck auf eine Seite der zweiten Knetkugel. Versuche, diese Kugel auf ihre drei Beine zu stellen.

**4** In die dritte Kugel steckst du jetzt auf einer Seite vier Streichhölzer im Viereck. Versuche, die Kugel auf die Beine zu stellen. Verändere die Position der Beine so lange, bis nichts mehr wackelt.

Wie müssen die Beine in der Knetkugel stecken, damit sie steht, ohne zu wackeln?

**stabil und wackelig**

## Was passiert?

Die Kugel mit zwei Beinen fällt immer wieder um.

Die Kugel mit drei Beinen kann sicher stehen.

Die Kugel mit vier Streichhölzern steht auch, aber oft wackelt sie. Dann steht sie eigentlich nur auf drei Beinen, während das vierte nicht den Boden berührt.

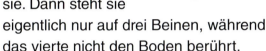

## Warum ist das so?

Eine Kugel kann nicht auf zwei Beinen stehen. Sie kippt immer zu einer Seite um, weil du sie nicht genau ins Gleichgewicht bekommst. Auf drei Beinen steht eine Kugel immer stabil, sogar wenn die Beine ungleich lang sind. Dann stehen die Füße nämlich nicht in einer Linie, sondern bilden ein Dreieck. Auf vier Beinen steht eine Kugel nur, wenn du die Beine so stellst, dass auch alle vier dabei den Boden berühren. Sonst wackelt die Kugel. Das kennst du vielleicht von einem wackligen Tisch, der dann auch nur auf drei Beinen steht.

*Ein Stuhl mit drei Beinen kann nicht wackeln.*

## Wo kommt das noch vor?

Den Ständer, auf dem der Fotoapparat beim Fotografen steht, nennt man Stativ. Er hat auch drei Beine. Das Stativ mit dem Fotoapparat darf nämlich nicht wackeln, wenn der Fotograf ein Foto macht. Sonst wird die Aufnahme unscharf.

# Ein starkes Kissen aus Luft

Luft kannst du nicht anfassen und du spürst sie auch kaum. Sie ist ganz leicht. Aber wenn du die Luft einsperrst, wird sie ganz stark und trägt schwere Sachen – sogar dich und deine Freunde.

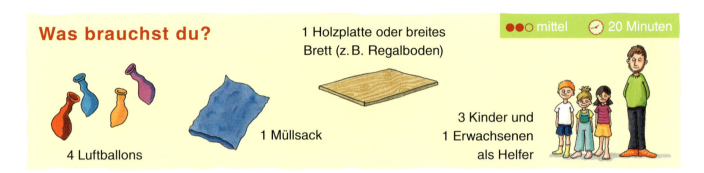

**Was brauchst du?**

4 Luftballons

1 Müllsack

1 Holzplatte oder breites Brett (z. B. Regalboden)

3 Kinder und 1 Erwachsenen als Helfer

●●○ mittel    20 Minuten

## Wie gehst du vor?

**1** Bitte einen Erwachsenen, vier Luftballons etwa bis zur Hälfte aufzublasen und zuzuknoten.

**2** Stecke die Ballons in einen Müllsack und knote auch diesen zu. Dabei müssen die Ballons genug Platz haben und nebeneinander im Viereck liegen können.

**3** Lege den Müllsack mit den Ballons auf den Boden und die Holzplatte oben darauf.

**4** Der Helfer hält nun das Brett fest und ihr Kinder versucht nacheinander, vorsichtig daraufzusteigen. Haltet euch dabei gegenseitig fest – das Ganze ist ziemlich wackelig.

Wie viele Kinder können die Luftballons wohl tragen, bevor sie platzen?

**stabil und wackelig**

## Was passiert?

Das Brett auf dem Ballonsack ist etwas wackelig. Aber wenn du dein Gleichgewicht hältst, kannst du gut darauf stehen. Es passen sogar noch alle drei anderen Kinder auf das Brett, ohne dass die Luftballons platzen.

## Warum ist das so?

In den Luftballons ist die Luft eingesperrt. Das Brett verteilt euer Gewicht gleichmäßig auf alle vier Luftballons. Weil diese nur zur Hälfte gefüllt sind, platzen sie nicht, sondern werden nur platt gedrückt. Dabei wird auch die Luft in ihnen zusammengepresst. Die Luft drückt wiederum gegen die Gummihaut der Ballons, und auf diese Weise trägt sie euch auf dem Brett.

## Wo kommt das noch vor?

So wie dein Luftballonpolster funktioniert auch ein Fahrradreifen. Auch in ihn wird Luft hineingepumpt. Damit der Schlauch nicht gleich bei der kleinsten Unebenheit platzt, steckt er in einem Mantel aus festem Gummi – so wie die Luftballons im Müllsack. Die Luft im Fahrradreifen trägt dich und federt nach, wenn du über Steine und holpriges Pflaster fährst.

*In einen Ballon oder Schlauch eingesperrte Luft kann Gewichte tragen.*

# Windschutz – rund oder eckig?

Du kannst zwar die Luft nicht sehen, aber manchmal macht sie sich doch bemerkbar: als Wind. Du kennst den Wind in den Bäumen, den Fahrtwind beim Radfahren. Beim Pusten entsteht auch Wind. Den schauen wir uns hier genauer an.

## Was brauchst du?

●○○ leicht   🕐 10 Minuten

- 2 gleiche Kerzen
- Zündhölzer
- 1 eckigen 1-Liter-Getränkekarton mit quadratischer Grundfläche
- 1 runde 1-Liter-Flasche
- 1 Erwachsenen als Helfer

## Wie gehst du vor?

**1** Stelle die Flasche und den Getränkekarton nebeneinander im Abstand von einer guten Armlänge auf den Tisch. Bitte den Helfer, je eine brennende Kerze nah hinter die Flasche und hinter den Getränkekarton zu stellen.

**2** Blase nun direkt von vorne gegen den Getränkekarton.

Schaffst du es, die Kerze auszublasen?

**3** Versuche jetzt auf die gleiche Weise, die Kerze hinter der Flasche auszublasen.

Lässt sich diese Kerze leichter ausblasen?

# verblüffend

## Was passiert?

Die Kerze hinter dem eckigen Getränkekarton flackert nur, wenn du bläst. Du schaffst es kaum, sie auszublasen.

Die Kerze hinter der runden Flasche hingegen kannst du leicht ausblasen.

## Warum ist das so?

Hinter dem eckigen Milchkarton ist die Kerze vor dem Wind, den du beim Pusten erzeugst, geschützt, denn die Luft wird vom Karton aufgehalten und zur Seite abgelenkt.
Bei der Flasche ist das anders. Weil sie rund ist, strömt der Wind seitlich um die Flasche herum. So bläst der Wind die Kerze aus.

## Wo kommt das noch vor?

Wenn du mit dem Roller fährst, spürst du, dass dir Wind entgegenbläst. Das ist der Fahrtwind. Auch wenn Autos schnell fahren, weht ihnen Fahrtwind entgegen. Deshalb haben viele schnelle Autos runde, flache Formen. Sie haben möglichst wenige Ecken, damit der Wind gut vorbeikommt, weil er dann die Autos möglichst wenig bremst.

Runde Sachen lassen den Wind leichter vorbei als eckige.

# Ein Regenbogen im Zimmer

Du hast bestimmt schon einmal einen bunten Regenbogen am Himmel beobachtet. Zaubere dir deinen eigenen Regenbogen an die Wand in deinem Zimmer – und das bei strahlendem Sonnenschein!

## Was brauchst du?

●●○ mittel   ⏱ 15 Minuten

Sonnenschein

1 kleinen Spiegel

1 durchsichtige Schüssel (Plastik oder Glas) mit Wasser

## Wie gehst du vor?

**1** Nimm den kleinen Spiegel und versuche am Fenster, das Sonnenlicht an eine weiße Wand oder an die Zimmerdecke zu spiegeln. Sieh dabei nicht in den Spiegel oder in die Sonne hinein. Das helle Licht blendet die Augen.

Welche Farbe hat der gespiegelte Lichtfleck?

**2** Nun stelle die Schüssel ans Fenster. Sie sollte so hoch mit Wasser gefüllt sein, dass der Spiegel schräg hineintauchen kann.

Wie sieht der gespiegelte Lichtfleck jetzt aus?

**3** Stelle den Spiegel schräg ins Wasser, sodass das Sonnenlicht wieder an die Wand oder die Zimmerdecke gespiegelt wird. Warte, bis das Wasser in der Schüssel sich nicht mehr bewegt.

verblüffend

## Was passiert?

Ohne Wasser erscheint ein heller Lichtfleck an der Wand oder der Zimmerdecke. Wenn du den Spiegel drehst oder kippst, kannst du den Lichtfleck fast an jede Stelle im Zimmer spiegeln. Steht der Spiegel im Wasser, ist der Lichtfleck bunt wie ein Regenbogen.

## Warum ist das so?

Licht ist hell. Mit dem Spiegel kannst du die Lichtstrahlen, die von der Sonne ins Zimmer scheinen, umlenken und so einen hellen Fleck an die Wand werfen. Licht ist aber nicht einfach nur hell, es besteht eigentlich aus ganz vielen Farben. Wir können sie nur normalerweise nicht sehen. Wasser kann Licht in seine einzelnen Farben trennen. Gehen die Lichtstrahlen erst durch das Wasser, kannst du dann an der Wand alle diese Farben erkennen.

Die bunten Farben im Regenbogen kommen aus dem Sonnenlicht und nicht aus dem Regen.

## Wo kommt das noch vor?

Wenn du dir einen Regenbogen genau anschaust, siehst du die gleichen Farben wie bei dem Spiegelexperiment. Die Reihenfolge der Farben im Regenbogen ist immer gleich: Rot, Orange, Gelb, Grün, Blau, Indigoblau und Violett. Ein Regenbogen entsteht, wenn es regnet und gleichzeitig die Sonne scheint. Sie muss ziemlich tief am Himmel stehen. Die Lichtstrahlen treffen auf Regentropfen und dringen in sie ein. Diese trennen das weiße Licht in die einzelnen Farben und wir sehen am Himmel einen großen Regenbogen.

# Die silberne Luftblase

**Luft kannst du nicht sehen oder anfassen. Aber du kannst trotzdem eine kleine Luftblase in deiner Hand halten und sie dabei beobachten.**

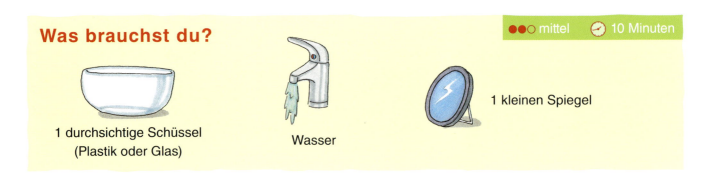

## Was brauchst du?

●●○ mittel    ⏱ 10 Minuten

1 durchsichtige Schüssel (Plastik oder Glas)

Wasser

1 kleinen Spiegel

## Wie gehst du vor?

**1** Fülle die Schüssel mit Wasser.

**2** Lege den Spiegel seitlich unter die Schüssel, sodass er etwa zur Hälfte noch herausragt.

**3** Halte deine Hand so, als ob du Wasser schöpfen wolltest, und drehe sie dann um.

**4** Jetzt tauchst du deine gewölbte Hand an der Seite, an der der Spiegel darunterliegt, langsam von oben ins Wasser, sodass sich eine Luftblase in deiner Handfläche halten kann. Vielleicht musst du das ein paar Mal probieren, bis es klappt. Sieh seitlich an der Schüssel vorbei in den Spiegel und betrachte die Luftblase von unten. Bewege deine Hand vorsichtig so im Wasser hin und her, dass die Luftblase erhalten bleibt.

*Wie sieht die Luftblase aus?*

**verblüffend**

## Was passiert?

Mit etwas Übung kannst du eine Luftblase in deiner gewölbten Hand unter Wasser festhalten und sie sogar leicht hin und her bewegen. Im Spiegel siehst du, dass die Luftblase silbern wie eine Weihnachtsbaumkugel glänzt und sich bewegt, als ob sie flüssig wäre.

## Warum ist das so?

Immer da, wo Luft und Wasser aufeinandertreffen, bildet sich eine Art Spiegel. Das Licht wird an der Grenze zwischen Wasser und Luft zurückgespiegelt. Auch die Luftblase in deiner Hand spiegelt am Übergang zum Wasser das Licht zurück und glänzt deshalb wie eine Weihnachtsbaumkugel.

Die Grenze zwischen Wasser und Luft funktioniert wie ein Spiegel.

## Wo kommt das noch vor?

Alle Luftblasen unter Wasser spiegeln das Licht und glänzen. Schau dir mal die Bläschen an, die im Mineralwasser aufsteigen oder die du im Schwimmbad machst, wenn du unter Wasser ausatmest. Je nachdem wie das Licht fällt und von wo du schaust, glänzen sie unterschiedlich, wie kleine Perlen aus Metall.

# Register

**A**
Ankerkette 13
Artist 67
Auftriebskraft 9
Augen 51, 53
Auto 73

**B**
Balancierstange 67
Baukran 17
Boje 13

**C**
Cello 65

**D**
Dämmerlicht 51
Dämmerungssehen 51
Druck 27, 35, 37
Dunkelheit 53

**E**
Eis 41
Erdanziehung 15

**F**
Fahrradreifen 71
Fahrtwind 73

fallen 31
Fallschirm 31
Fallschirmspringer 31
Farben 43, 51, 75
Farbensehen 51
Federwaage 15
Feuerwehrschlauch 35
Finsternis 53
Fischwaage 15
Fledermäuse 53
Flutlicht 57
frieren 45
Frost 41

**G**
Gartenschlauch 35
gefrieren 41
Gefrierschrank 49
Geige 65
Geschirrspülen 47
Gewicht 15, 27, 35, 37, 71
Gitarre 59, 65
Gleichgewicht 17, 67, 69

**H**
Hausbau 25
Hausfarbe 43
Hebel 19
Hochseil 67
hören 63, 65
Hunde 51

**K**
Karussell 33
Kernschatten 57
Kettenkarussell 33
Klangkörper 65

Kontrabass 65
Kraft 9, 17, 19, 33, 35, 41
Kran 17

**L**
Licht 51, 53, 55, 57, 75
Luft 21, 23, 31, 45, 49, 61, 71, 73, 77
Luftblasen 21, 77

**M**
Meerwasser 39
Mineralwasser 77

**O**
Orgel 61

**R**
Regenbogen 75
Reifen 71
rollen 29
Rutschbahn 29
rutschen 29

**S**
Saiten 59
Saiteninstrumente 59, 65
Salz 39
Salzgewinnung 39
Schatten 55, 57
Scheinwerfer 57
Schiffe 9
Schlauchwaage 25
Schmutz 47
schwarz 43, 53
schweben 13, 30
schwimmen 9, 11, 13

Schwimmflügel 11
schwingen 59, 61, 65
sinken 13
Sonnenlicht 43, 75
Sonnenuhr 55
Spiegel 75, 77
spülen 47
Stativ 69
stehen 69
Stethoskop 63

**T**
Tauchboot 37
Taucherglocke 21
Töne 59, 61, 63, 65

Tonhöhe 59, 61
Trinkhalm 23

**V**
verdunsten 39, 45

**W**
Waage 15
waagerecht 25
Wärme 45
waschen 47
Wasser 9, 25, 27, 35, 37, 41, 45, 47, 75, 77
Wasserdruck 27, 35
Wasserleitung 27, 41

Wasserturm 27
weiß 43
Wind 45, 73

**Z**
Zange 19
Zitrone 11

Wie hat dir das Experimentieren gefallen?

# Bildquellenverzeichnis

Fotolia: 7, 63 (goodluz), 17 (Ivan Kruk), 19 (Africa Studio), 23 (Tomsickova), 29 (JackF), 35 (Thomas Nattermann), 39 (Jörg Hackeman), 59 (gstockstudio), 71 (Maksym Protsenko), 75 (S.Z.), 77 (Girasole75)
Beate Horak, Amalienfelde: 25
iStockphoto: 9 (Daniel Barnes), 15 (Holger Mette), 21 (Craig McCausland), 49 (bluecinema), 51 (Ryhor Bruyeu), 61 (Balashark), 69 (Dieter Meyrl)

Christian Pickavé, Wolfenbüttel: 3
Picture Alliance, Frankfurt am Main: 37, 53, 67 (dpa), 55 (Helga Lade Fotoagentur)
Shutterstock: 11 (Poznyakov), 13 (Nightman1965), 27 (papillondream), 31 (Borodin Denis), 33 (Jenny Sturm), 41 (Skowronek), 43 (jn.koste), 45 (Olesia Bilkei), 47 (l i g h t p o e t), 65 (Igor Bulgarin), 73 (Art Konovalov)
Wikimedia Commons: 57 (Massel tow/CC-BY-SA-2.0-DE)